GODOT

무료 오픈 소···········고도 엔진으로
부···········보자!

고도
엔진
간단 입문

카쓰무라 토모히로 지음   김모세 옮김

기존 유니티사용자를 위한 고도 엔진 사용법 안내!

AK IT

유니티에서 고도 엔진으로, 이것만은 알아두자

김성완 (Godot Engine Korea 운영자, 인디라! 인디 게임 개발자 모임 대표)

⇨ 이 글은 기존 유니티 유저들을 위한 내용으로, 고도 엔진으로 게임 엔진을 처음 배우시는 분들은 건너뛰고 Chpater 01부터 읽으시면 됩니다.

고도 엔진의 위상은 2014년에 처음 공개된 이후로 꾸준히 상승해서 이제는 유니티와 언리얼에 이어 3위의 엔진으로 자리를 잡았습니다. 그림 0-1의 디스코드 사용자 순위에서 보듯이 고도 엔진이 3위에 올라 있고 사용자 수에서도 1위 유니티와 2위 언리얼 엔진에 비해서 큰 차이가 나지 않습니다. 하지만 국내에는 고도 엔진의 사용자가 해외에 비해서 매우 적은 편입니다. 고도 엔진을 사용할 가능성이 높은 인디 게임 씬에서조차 고도 엔진 사용자가 드뭅니다. 아무래도 한국에선 자신의 개성적인 선택보다는 대세를 따르는 경향이 강하다 보니 그런 것이라고 생각합니다. 하지만 이러한 상황도 2023년에 있었던 유니티의 가격 정책 변경 사태로 인해 바뀌고 있습니다. 그 여파로 올해 2024년부터 처음으로 한국어로 된 고도 엔진 입문서가 나오기 시작했습니다. 이 책도 그런 책의 하나입니다. 그래서 올해를 기점으로 국내에서도 고도 엔진 사용자가 많이 늘어날 것으로 예상합니다.

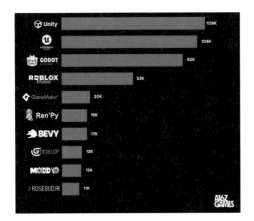

그림 0-1: 디스코드 게임 엔진 사용자 순위
(출처: A16Z Games, https://x.com/tkexpress11/status/1752693706677997612)

늘어나는 고도 엔진 사용자들 중에는 고도 엔진에 처음 입문하는 이들도 있겠지만 대개는 기존에 널리 쓰이고 있는 게임 엔진에서 옮겨오는 이들이 많을 것입니다. 특히 사용자 수에서 압도적으로 1위를 달리고 있는 유니티 엔진에서 옮겨오는 이들이 대부분일 것입니다. 유니티 엔진의 타깃이 되는 게임과 고도 엔진의 타깃이 되는 게임의 영역이 많이 겹치기 때문이기도 합니다. 언리얼 엔진의 경우는 대개 사실적인 그래픽을 보여 주는 AAA급 게임을 만드는 데 주로 사용되기 때문에 언리얼 엔진 사용자가 고도 엔진으로 옮겨오는 일은 거의 없을 것입니다. 그래서 유니티 엔진을 사용해 본 경험이 있는 이들이 고도 엔진으로 옮겨올 때 알아야 할 차이점과 주의해야 할 점들을 정리해 보았습니다.

1. 유니티와 고도의 좌표계 차이

- 유니티: 왼손 좌표계, DirectX와 동일

- 고도 엔진: 오른손 좌표계, OpenGL과 동일

2. 유니티와 고도의 씬 구조의 차이

- 유니티: GameObject, Component

- 고도 엔진: Node, Nodes Tree, Scene, Scenes Tree

3. 유니티와 고도의 스크립트 언어 차이

- 유니티: C#

- 고도 엔진: GDScript, C#, C++, Rust 등

4. 유니티와 고도의 통신 방식 차이

- 유니티: GetComponent, 이벤트(Event) 시스템, SendMessage

- 고도 엔진: get_node, 시그널(Signal) 시스템

5. 유니티 에셋을 고도로 가져오기

- 유니티: FBX, OBJ 등 다양한 포맷 지원

- 고도 엔진: GLTF, OBJ, FBX 등 지원(glTF가 주요 포맷)

유니티와 고도의 좌표계 차이

유니티와 고도를 비롯한 여러 게임 엔진들과 3ds 맥스나 블렌더(Blender) 같은 게임 개발에 쓰이는 여러 그래픽 툴은 한 가지 표준적인 3D 좌표계를 사용하고 있지 않습니다. 하나의 표준으로 통일되어 있다면 좌표계의 차이에 대해서 신경쓰지 않고 표준 좌표계 하나만 배워서 사용할 수 있겠지만 현실은 그렇지 않습니다.

그림 0-2에서 보듯이 게임 엔진과 그래픽 툴은 크게 네 가지 종류의 좌표계로 나누어져 있습니다. 그래서 다른 게임 엔진에서 옮겨오거나 게임 엔진과 그래픽 툴을 함께 사용한다면 서로 다른 좌표계의 차이를 잘 알고 주의해야 합니다.

그림 0-2: 각종 게임 엔진과 3D 툴의 좌표계 분류(출처: https://twitter.com/FreyaHolmer)

그러므로 유니티에서 고도로 옮겨온다면 두 게임 엔진의 좌표계 차이를 잘 알고 있어야 합니다. 그래야 에셋 등을 옮겨올 때도 좌표계나 기준 방향의 차이로 인해 생기는 문제에 적절하게 잘 대처할 수 있습니다. 유니티와 고도의 좌표계는 다음과 같은 차이점이 있습니다:

유니티	고도
- 왼손 좌표계를 사용합니다. - +X축이 오른쪽, +Y축이 위쪽, +Z축이 앞쪽을 가리킵니다. - 카메라나 3D 모델의 정면이 +Z축을 향하도록 배치됩니다. - 2D 좌표계에서는 +X축이 오른쪽, +Y축이 위쪽입니다.	- 오른손 좌표계를 사용합니다. - +X축이 오른쪽, +Y축이 위쪽, +Z축이 모니터에서 나오는 쪽을 가리킵니다. ([그림4] 참조) - 카메라나 3D 모델의 정면이 -Z축을 향하도록 배치됩니다. - 2D 좌표계에서는 +X축이 오른쪽, +Y축이 아래쪽입니다. (그림 0-3 참조)
차이점 요약 - 좌표계 종류: Unity는 왼손, Godot는 오른손 좌표계 - Z축 방향: Unity는 +Z가 앞쪽, Godot는 -Z가 앞쪽	

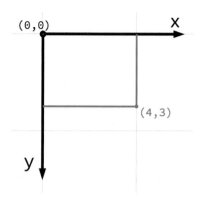

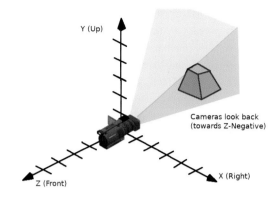

그림 0-3: 고도의 2D 좌표계(출처 공식 문서 https://docs.godotengine.org/en/stable/tutorials/math/vector_math.html#coordinate-systems-2d)

그림 0-4: 고도의 3D 좌표계(출처 공식 문서 https://docs.godotengine.org/en/stable/tutorials/3d/using_transforms.html#introducing-transforms)

고도의 3D 좌표계는 그림 0-4처럼 +X축(Right 오른쪽), +Y축(up 위쪽), +Z축(Front 앞쪽)의 오른손 좌표계이고 Z축의 마이너스 방향이 카메라가 바라보는 방향입니다. 이러한 좌표계 차이로 인해 유니티에서 고도로 에셋을 옮겨올 때 주의해야 할 점이 있습니다.

1. 모델 방향

- 유니티의 3D 모델은 +Z축 방향을 향하도록 되어 있습니다.
- 고도 엔진으로 가져오면 -Z축 반대 방향을 향하므로 모델 회전이 필요합니다.

2. 애니메이션

- 유니티 애니메이션은 모델의 로컬 방향에 맞춰져 있습니다.
- 고도 엔진으로 가져오면 애니메이션 방향이 맞지 않을 수 있습니다.

3. 조명

- 유니티의 조명은 모델에 맞춰 설정되어 있습니다.
- 고도 엔진으로 가져오면 조명 방향이 달라져 재조정이 필요할 수 있습니다.

4. 물리 시뮬레이션

- 좌표계 차이로 인해 물리 시뮬레이션 결과가 달라질 수 있습니다.
- 특히 중력, 관성, 회전 등에 영향을 줄 수 있습니다.

따라서 유니티에서 고도로 에셋을 옮겨올 때는 좌표계 차이를 염두에 두고 모델 방향과 애니메이션, 조명, 물리 시뮬레이션 등을 적절히 조정해야 합니다. FBX 등의 중간 데이터 포맷으로는 이러한 문제를 완벽히 해결할 수 없기 때문입니다. 또한 프로그래밍을 할 때에도 두 엔진의 좌표계의 차이를 알고 있어야 에셋과 게임 로직 간의 불일치를 방지할 수 있습니다. 예를 들어 유니티에서 고도로 3D 모델을 가져올 때 다음과 같은 방법으로 방향을 조정할 수 있습니다:

3D 모델 방향 조정

- FBX 등의 중간 포맷으로 유니티의 모델을 내보낸 후 고도로 가져옵니다.
- 이후 모델 노드를 Y축에 대해 180도 회전시켜 Z축 방향을 맞춥니다(예: rotation_degrees = Vector3(0, 180, 0)).

이렇게 3D 모델의 회전값을 보정하면 유니티에서 고도로 가져올 때 방향이 올바르게 맞춰집니다. 또한 고도에서는 3D 모델의 변환(trasform) 속성에서 방향을 직접 조정할 수도 있습니다. 다만 이 경우 부모 노드의 변환값으로 인해 문제가 발생할 수 있으므로 주의해야 합니다. 3D 모델의 방향 문제 외에도 텍스처의 UV 반전, 조명 재조정, 물리 시뮬레이션 보정 등 추가 작업이 필요할 수 있습니다. 에셋 가져오기는 단계별로 주의해서 진행해야 합니다.

유니티와 고도의 씬 구조 차이

겉으로 보기에 유니티 에디터와 고도 에디터는 비슷하게 생겼습니다. 대부분의 기능 역시 이름만 조금 다르고 메뉴에 있는 위치가 다를 뿐 기본적으로 비슷합니다. 그래서 유니티 사용자가 고도 엔진을 처음 배울 때, 그저 유니티와 대응되는 기능의 이름과 위치만 알면 된다고 착각하기 쉽습니다. 하지만 그런 생각으로 접근했다가는 이 지점에서 혼란을 겪게 될 수 있습니다.

유니티와 고도에서 가장 차이가 큰 부분이 바로 씬 구조의 차이입니다. 고도 엔진을 처음으로 배우는 이들은 선행 지식이 없기 때문에 고도의 씬 구조에 쉽게 적응할 수도 있지만, 유니티 엔진에 익숙한 이들은 기존에 이미 몸에 밴 지식 때문에 고도 엔진의 학습을 방해할 수도 있습니다. 그래서 이 부분만큼은 유니티 엔진에서 배운 지식을 언러닝(unlearning)할 필요가 있습니다. 언러닝한다고 해서 유니티 엔진을 통해 배운 지식이 정말로 없어지는 것은 아니니 걱정하지 않아도 됩니다. 오히려 두 개의 상이한 방식의 엔진을 익힌다면 새로운 것을 배우는 적응력이 더욱 높아질 겁니다. 고도 엔진에 쉽게 적응하려면 이런 차이를 잘 파악해서 기존 지식이 발목을 잡지 않도록 해야 합니다.

유니티는 이른바 ECS(Entity Component System)라는 소프트웨어 아키텍처 패턴을 지향하는 게임 엔진입니다. 유니티에서 엔티티는 GameObject를 가리키는 ID에 해당합니다.

GameObject 안에 미리 준비된 다양한 컴포넌트를 추가해서 필요한 GameObject를 만들게 됩니다. GameObject는 여러 컴포넌트를 품을 수 있는 일종의 컨테이너입니다. 이런 GameObject들이 계층 구조로 모인 곳이 하나의 씬(scene, 장면)이 됩니다. 그리고 미리 준비해 둔 GameObject를 프리팹(Prefab)이라고 합니다. 유니티에서 GameObject는 엔티티로서 독립적으로 구분되는 존재이자 유니티의 씬을 구성하는 기본 단위가 됩니다.

고도 엔진의 경우는 노드를 기본 단위로 노드 트리를 구성하는 방식으로 씬을 만들게 됩니다. 유니티와 비교하자면 유니티의 컴포넌트가 고도의 노드에 해당한다고 볼 수 있습니다. 하지만 서로가 똑같지는 않습니다. 유니티에선 컴포넌트의 단순 조합으로 게임 오브젝트가 구성이 된다면 고도 엔진에서는 그림 0-5처럼 노드들이 트리 구조로 계층적으로 연결됩니다. 유니티에서도 게임 오브젝트들을 트리 구조로 계층화할 수 있지만 컴포넌트들은 그렇게 되지 않습니다.

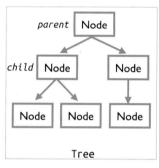

그림 0-5: 고도의 노드 트리

유니티에선 대체로 씬이 전체 게임 레벨 하나에 대응됩니다. 필요하면 레벨의 일부를 씬으로 저장할 수도 있지만 씬이 곧 레벨이라고 생각하면 크게 틀리지 않습니다. 반면 고도 엔진에선 씬을 좀 더 유연하게 사용합니다. 유니티처럼 레벨 전체를 씬으로 하기도 하지만 그 속에 있는 개별적인 캐릭터나 게임의 오브젝트들도 각각 씬이 될 수 있습니다. 일종의 씬들의 트리를 계층적으로 구성한다고 보면 됩니다. 이러한 씬들은 개별적으로 확장자가 *.tscn인 파일로 저장되며 언제라도 재활용하고 인스턴스화할 수 있습니다. 유니티의 프리팹에 대응된다고 볼 수 있습니다.

유니티 엔진의 ECS라는 소프트웨어 아키텍처 패턴이 GameObject의 역할을 어느 정도 특정한 틀로 제한하는 반면에 고도 엔진의 노드 시스템은 여러가지 다양한 방법으로 유연하게 노드들을 구성할 수 있습니다. 물론 유니티의 ECS와 유사하게 구성할 수도 있습니다. 어떤 방법이 더 좋은지는 개발자들의 개발 경험이나 취향에 따라서 호불호가 갈릴 수 있기 때문에 어떤 것이 보편적으로 가장 좋다고 말하기는 어렵습니다. 필자 개인의 견해로는 개발자에게 좀 더 자유를 주는 고도 엔진의 노드 시스템이 장기적으로는 더 나은 게 아닐까 합니다. 물론 자유에는 그에 상응하는 책임이 따르게 마련입니다.

고도 엔진이 이러한 노드 시스템이라는 디자인을 선택한 것에는 고도 엔진의 리드 개발자들의 디자인 철학이 바탕에 있습니다. 이들은 고도 엔진을 개발하기 전에 자체나 외주 프로젝트로 여러 게임 엔진들을 개발했습니다. 그런 경험을 바탕으로 엔진을 사용하는 게임 개발자들이 프로젝트마다 원하는 것을 만들 수 있도록 유연한 방법을 제공하는 것이 특정한 디자인 방식을 강제하는 것보다 더 낫다는 철학으로 귀결되었다고 합니다.

유니티와 고도의 씬 구조 차이를 정리하면 다음과 같습니다:

유니티	고도
- 씬은 계층적인 GameObject들로 구성됩니다. - GameObject는 컴포넌트들의 컨테이너 역할을 합니다. - 컴포넌트는 GameObject에 기능을 추가하는 스크립트나 시각적 요소 등입니다. (예: 메시, 텍스처, 물리, 조명 등) - 씬의 루트에는 반드시 GameObject가 존재해야 합니다. - 컴포넌트 간 통신은 GetComponent로 참조를 얻거나 이벤트 시스템이나 SendMessage를 이용합니다.	- 씬은 노드 기반의 트리 구조로 이루어집니다. - 노드는 게임 객체나 기능적 요소를 나타냅니다. - 노드에는 스크립트를 첨부하여 기능을 추가할 수 있습니다. - 씬의 루트에는 반드시 노드가 존재해야 합니다. - 노드는 2D나 3D 렌더링, UI, 물리 객체, 파티클 등 다양한 종류가 있습니다. - 노드 간 통신은 get_node로 참조를 얻거나 시그널(Signal) 시스템을 이용합니다.

주요 차이점:
1. 계층 구조: 고도는 노드 기반의 트리구조, 유니티는 GameObject와 컴포넌트 구조
2. 객체 구성: 고도는 노드 자체가 객체, 유니티 GameObject에 컴포넌트 추가
3. 통신 방식: 고도는 시그널 기반, 유니티는 GetComponent 권장

씬 구조 전환 시 유의사항:
- 유니티 씬의 GameObject 계층 구조를 고도의 노드 트리로 변환해야 합니다.
- GameObject의 스크립트 컴포넌트는 고도 노드에 스크립트로 구현됩니다.
- 유니티의 메시지 전달 시스템 대신 고도의 시그널 시스템을 사용해야 합니다.
- 씬 계층 구조가 달라지므로 게임 로직과 객체 간 상호작용 부분을 새롭게 설계해야 합니다.

따라서 고도로 전환 시 유니티 씬 구조를 완전히 새로운 노드 기반 구조로 재설계해야 하는 작업이 필요합니다.

유니티와 고도의 스크립트 언어 차이

유니티에서 사용되는 스크립트 언어는 C# 언어입니다. 과거에는 C# 언어 외에도 자바스크립트 등이 함께 지원되기도 했지만 현재는 C# 언어 하나만을 지원하고 있습니다. C# 언어는 마이크로소프트에서 만든 프로그래밍 언어로 유니티뿐만 아니라 다양한 곳에서 널리 쓰이고 있습니다. 반면 고도 엔진의 경우는 기본 스크립트 언어로 GDScript라는 자체의 고유한 언어를 사용합니다. GDScript는 파이썬 언어와 유사한 문법이라 파이썬 언어를 이미 알고 있다면 아주 쉽게 배울 수 있습니다. 거기다 파이썬 언어의 몇 가지 문법적인 단점들을 보완하고 편리한 문법을 추가했기 때문에 적어도 문법적으로는 파이썬보다 더 낫다고 볼 수도 있습니다.

변수 선언 앞에 var 키워드를 추가해서 변수 선언을 명확하게 구분할 수 있게 했습니다.

파이썬의 경우는 변수의 선언 때 값을 초기화하는 것과 변수에 값을 대입하는 표현식이 동일하기 때문에 맥락으로 구분해야 해서 실수할 가능성이 높습니다. 특히 전역 변수에 이미 선언된 변수를 같은 이름의 지역 변수가 덮어 버리는지 아니면 전역 변수에 새로운 값을 대입하는 것인지가 명확하게 구분되지 않을 수도 있습니다. 이런 모호함을 없애기 위해서 global이라는 키워드로 전역 변수임을 명시할 수도 있긴 합니다. 하지만 GDScript는 새로운 변수를 선언할 때는 var 키워드를 앞에 적어서 이런 모호함을 없앴습니다.

선택적인 변수 타입 지정으로 필요한 경우 변수의 타입을 명시적으로 지정하고 타입을 고정할 수도 있습니다.

파이썬에서는 변수의 타입을 명시적으로 지정하지 않을뿐더러 실행 중에도 수시로 변수의 타입이 변할 수 있습니다. 이런 점은 초보들이 변수의 타입에 신경쓰지 않아도 된다는 점과 프로그램의 유연성을 높이는 장점이 있지만 한편으로는 버그의 원인이 되고 버그를 찾아내기 어렵게 만듭니다. 그래서 GDScript에서는 고도 4에서부터 선택적으로 변수의 타입을 명시할 수 있는 문법이 추가되었습니다. 이렇게 명시적으로 타입이 지정된 변수에는 파이썬과는 달리 다른 타입의 값이나 변수를 대입할 수 없게 되어 잠재적인 버그의 가능성을 줄여 줍니다.

함수 정의 키워드를 func로 했습니다.

파이썬에서는 함수를 정의할 때 키워드로 def를 사용합니다. 정의하다는 의미의 define의 첫 세 글자를 딴 겁니다. 반면에 GDScript는 함수라는 의미의 function에서 첫 네 글자를 따왔습니다. 파이썬의 def보다는 func가 직접적으로 function(함수)에서 온 약어라서 함수를 정의하는 키워드로 좀 더 나은 듯합니다. 이 책에서는 고도 엔진의 스크립트 언어로 자체 고유한 언어인 GDScript만 다루고 있지만, 고도 엔진에서는 C# 언어도 공식적으로 지원합니다. 다만 같은 C# 언어라고 해서 유니티의 C# 스크립트를 그대로 옮겨올 수는 없습니다. 고도 엔진의 환경에 맞게 많은 부분을 수정하는 작업인, 이른바 '포팅'을 해야 합니다. 그래서 C#을 스크립트 언어로 선택하는 장점이 그렇게 크지는 않습니다. 만일 C#이나 이와 유사한 언어의 문법에만 익숙하다면 새로운 파이썬 문법의 GDScript를 새로이 공부하지 않아도 된다는 장점이 있는 정도입니다. C#으로 한다고 해도 언어의 문법이 같을 뿐 어차피 고도 엔진 고유의 클래스나 메서드 이름들을 새로이 익혀야 합니다.

GDScript의 경우 내장 에디터로 코드를 작성하고 실시간으로 변경 사항을 바로 확인할 수 있습니다. 반면에 C#을 사용하려면 별도의 IDE인 Visual Studio나 VS Code를 따로 설치해서 사용해야 하고 스크립트 코드를 수정하면 즉시 반영되지 않고 컴파일 과정을 거쳐야 합니다. 그리고 고도 엔진 에디터의 내장 도움말 기능이나 드래그 앤 드롭 기능 등 내장 에디터의 편리한 기능들을 사용할 수 없습니다. 그래서 꼭 C#을 사용할 수밖에 없는 절박한 이유가 없고 파이썬을 조금 안다면 GDScript를 사용하기를 적극 권장합니다. 설사 파이썬을 모르더라도 C# 언어에 익숙하다면 이 보다 좀 더 쉬운 파이썬 문법과 비슷한 GDScript에는 쉽게 적응할 수 있습니다. GDScript를 사용하게 되면 고도 엔진 자체의 내장 디버거나 프로파일러 등도 100% 활용할 수 있습니다.

다음은 스크립트 0-1과 0-2는 고도에서 동일한 스크립트를 GDScript와 C#으로 작성한 사례입니다. 살펴보면 사실상 동일한 코드이지만 파이썬과 비슷한 GDScript가 상대적으로 군더더기 없이 더 간단해 보입니다.

스크립트 0-1: GDScript 코드 예(출처: 고도 공식 문서)

```
extends Sprite2D

var speed = 400
var angular_speed = PI

func _process(delta):
    rotation += angular_speed * delta
    var velocity = Vector2.UP.rotated(rotation) * speed
    position += velocity * delta

func _on_button_pressed():
```

```
    set_process(not is_processing())
```

스크립트 0-2: C# 코드 예(출처: 고도 공식 문서)

```csharp
Using Godot;

public partial class MySprite2D : Sprite2D
{
    private float _speed = 400;
    private float _angularSpeed = Mathf.Pi;

    public override void _Process(double delta)
    {
        Rotation += _angularSpeed * (float)delta;
        var velocity = Vector2.Up.Rotated(Rotation) * _speed;
        Position += velocity * (float)delta;
    }

    private void OnButtonPressed()
    {
        SetProcess(!IsProcessing());
    }
}
```

고도의 C# 지원

이 책에서는 스크립트 언어로 GDScript만을 다루지만 C#도 고도에서 공식적으로 지원하는 스크립트 언어로 고도 공식 문서에 따르면 고도 4에서 C#은 다음의 조건으로 지원됩니다.

- C# 스크립트는 파일 크기와 종속성을 줄이기 위해 별도의 바이너리로 패키징됩니다.

- .NET 6 이상을 지원합니다. C# 10.0 구문 및 기능을 완벽하게 지원합니다.

- Windows, Linux 및 macOS를 지원합니다.

- 4.2 버전부터 Android 및 iOS에 대한 실험적 지원도 제공됩니다(Android의 경우 .NET 7.0

프로젝트, iOS의 경우 8.0 프로젝트 필요).

- Android 플랫폼에서는 arm64 및 x64와 같은 일부 아키텍처만 지원됩니다.

- iOS 플랫폼에서는 arm64 등 일부 아키텍처만 지원됩니다.

- 웹 플랫폼은 현재 지원되지 않습니다. 해당 플랫폼에서 C#을 사용하려면 대신 고도 3을 고려해 보세요.

- IDE 기능을 활용하려면 외부 편집기를 사용하는 것이 좋습니다.

언어 간 스크립팅

고도 4에서는 같은 프로젝트 내에서 C# 스크립트와 GDScript를 상호 운용할 수 있습니다. 고도에서는 필요에 따라 스크립팅 언어를 혼합하여 사용할 수 있습니다. 즉, 하나의 프로젝트 에서 C#과 GDScript로 노드를 정의할 수 있습니다. 서로 다른 언어로 작성된 두 노드 간의 가능한 상호 작용을 살펴봅니다. 두 언어 간에는 노드 인스턴스화, 멤버 변수 접근, 메서드 호출 등이 가능합니다.

1. 노드 인스턴스화하기

- C# 노드는 GDScript에서 어렵지 않게 사용할 수 있습니다.

- GDScript 노드도 C#에서 비슷한 방법으로 사용할 수 있습니다.

2. 멤버 변수 접근하기

- GDScript에서는 크게 신경 쓸 것 없이 쓰던 그대로 C# 멤버 변수에 접근할 수 있습니다.

- C#은 정적 타입이라 GodotObject.Get() 및 GodotObject.Set()을 사용해야 합니다.

3. 메서드 호출하기

- GDScript에서 쓰던대로 C# 메서드를 호출할 수 있습니다..

- C#에서 GDScript 메서드를 호출하려면 GodotObject.Call()을 사용해야 합니다.

두 언어를 상호운용하는 자세한 방법은 고도 공식 문서를 참조하기 바랍니다.

- https://docs.godotengine.org/ko/4.x/tutorials/scripting/cross_language_scripting.html

유니티와 고도의 통신 방식 차이

유니티에서 컴포넌트 간에 통신을 하려면 GetComponent로 컴포넌트의 참조를 얻거나 이벤트 시스템을 사용하거나 SendMessage를 사용할 수 있습니다. 유니티에서는 규모가 작은 프로젝트의 경우에는 GetComponet로 얻는 참조의 사용을 권장하는 편입니다. 참조를 통해서 컴포넌트에 바로 접근할 수 있어 다른 방법에 비해서 빠르게 처리할 수 있기 때문입니다. 단, 매 프레임마다 Update() 실행 중에 참조를 얻는 건 성능 면에서 좋지 않기에 Start()에서 참조를 미리 얻어 저장해 두고 사용하는 게 좋습니다. 하지만 프로젝트의 규모가 커지게 되면 참조를 통해 직접 접근하는 방식은 이른바 단단한 결합(tight coupling)이라 코드의 수정이 일어나는 경우 개발을 복잡하게 만들 수 있고 버그의 발생 가능성을 높입니다. 고도의 경우도 유니티의 GetComponent에 해당하는 get_node가 있어 노드의 참조를 통해 바로 접근할 수도 있습니다. 하지만 이 방법은 해당 노드의 자식 노드에 한해서만 사용하는 게 좋고, 부모 노드나 트리의 다른 가지에 있는 노드에 접근하려면 고도의 시그널(Signal) 시스템을 사용하는 것이 좋습니다. 그림 0-6에서 보는 것처럼 초록 선은 직접 참조를 이용하는 방법이고 빨간 선은 시그널을 이용하는 방법입니다. 고도의 시그널 시스템은 느슨한 결합과 명시적인 통신 방식을 제공하여 유지보수성과 확장성이 더 좋습니다. 또한 성능 측면에서도 실행 시간에 노드 참조를 찾을 필요가 없다는 이점이 있습니다.

유니티의 GetComponent 방식

- GetComponent는 게임 객체(GameObject)에서 특정 컴포넌트를 참조하는 방식입니다.
- 스크립트에서 다른 게임 객체의 컴포넌트에 접근하려면 해당 객체의 참조를 가져와야 합니다.
- 이 방식은 객체 간 단단한 결합(tight coupling)을 유발할 수 있습니다.
- 실행 중 객체 참조를 가져오는 과정에서 성능 문제가 발생할 수 있습니다.

고도의 시그널(Signal) 시스템

- 시그널은 이벤트 기반의 메시징 시스템입니다.
- 노드는 시그널을 내보내고(emit), 다른 노드는 이 시그널을 수신할 수 있습니다.
- 노드는 서로 느슨한 결합(loose coupling) 상태를 유지할 수 있습니다.
- 시그널을 통해 데이터를 전송할 수 있습니다.
- 노드 간 통신은 명시적이며 유연성이 높습니다.

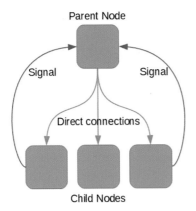

Parent Node

Signal   Signal

Direct connections

Child Nodes

그림 0-6: 고도의 노드 간 통신 방법(출처 gdscript.com https://gdscript.com/solutions/signals-godot/)

예를 들어, 유니티에서는 다른 게임 오브젝트의 컴포넌트에 접근하려면 다음과 같이 GetComponent를 사용합니다.

스크립트 0-3: C# 코드 예

```
# 다른 게임 객체 찾기
GameObject otherGameObject = GameObject.Find("OtherGameObject");

# 해당 객체의 컴포넌트 참조 얻기
SomeComponent component = otherGameObject.GetComponent<SomeComponent>();

# 컴포넌트의 메서드 호출
component.DoSomething();
```

반면 고도에서는 스크립트 코드로 시그널을 사용하려면 다음처럼 작성할 수 있습니다.

스크립트 0-4: GDScript 코드 예

```
# OtherNode.gd
extends Node

# 'some_signal' 이라는 Signal을 정의합니다.
# 이 Signal은 데이터를 전달할 수 있습니다.
```

```
signal some_signal(data)

# 'some_signal'을 방출하는 함수입니다.
# 전달할 데이터를 인자로 받습니다.
func emit_signal(data):
    some_signal.emit(data)

# MyScript.gd
extends Node

# 노드가 준비된 후 호출되는 함수입니다.
func _ready():
    # 'OtherNode'의 경로를 통해 해당 노드를 찾습니다.
    var other_node = get_node("Path/To/OtherNode")

    # 'other_node'의 'some_signal'에 대한 콜백 함수를 연결합니다.
    # 'some_signal'이 방출되면 '_on_some_signal' 함수가 호출됩니다.
    other_node.some_signal.connect(_on_some_signal)

# 'some_signal'이 방출되면 호출되는 콜백 함수입니다.
# 전달된 데이터를 'data' 인자로 받습니다.
func _on_some_signal(data):
    # 전달된 데이터를 출력합니다.
    print("Received signal with data: ", data)
```

이처럼 고도의 시그널 시스템은 느슨한 결합과 명시적인 통신 방식을 제공하여 유지보수성과 확장성이 더 좋습니다. 또한 성능 측면에서도 실행 시간에 노드 참조를 찾을 필요가 없는 이점이 있습니다. 스크립트 코드만으로 시그널을 설정하지 않고 고도 에디터의 노드 시그널 메뉴를 통해 시그널을 설정할 수도 있습니다. 에디터를 통해서 설정하면 스크립트 코드를 더욱 간단하게 작성할 수 있습니다. 시그널이 방출되면 호출되는 콜백 함수만 작성하면 됩니다.

참고로 이미 앞에서 언급했지만 유니티에도 고도의 시그널 시스템과 비슷한 이벤트 시스템이 있습니다. 유니티에서도 프로젝트의 규모가 커진다면 느슨한 결합의 이벤트 시스템을 사용하는 것이 좋습니다.

유니티 에셋을 고도로 가져오기

유니티의 에셋을 고도에서 사용하려면 유니티에 호환되는 포맷으로 저장된 에셋을 고도에 호환되는 포맷으로 변환하는 과정이 필요합니다. 이 과정은 변환 툴을 이용해 자동으로 처리할 수도 있지만 유니티와 고도의 에셋이 서로 완벽하게 호환되는게 아니므로 일부는 수작업으로 변환해 주기도 해야 합니다. 유니티의 에셋을 고도로 가져오는 방법은 크게 두 가지가 있습니다.

1. FBX/OBJ/DAE 등의 중간 포맷을 통한 가져오기

- 유니티에서 메시, 텍스처, 애니메이션 등의 에셋을 FBX, OBJ, DAE 등의 범용 3D 데이터 포맷으로 내보냅니다.
- 고도에서 이들 포맷을 가져올 수 있으므로 에셋을 고도 프로젝트로 불러올 수 있습니다.
- 이 방식은 가장 일반적이지만 에셋 변환 과정에서 데이터가 손실될 수 있습니다.

2. glTF 포맷을 통한 가져오기

- 유니티에서 메시, 텍스처, 애니메이션, 라이트 등의 에셋을 glTF 2.0 포맷으로 내보냅니다.
- 고도 4 는 glTF 2.0 포맷을 기본으로 지원하므로 이 포맷 파일을 가져올 수 있습니다.
- glTF는 최신 3D 데이터 전송 표준으로, 데이터 손실이 적고 기능이 풍부합니다.
- 단, glTF 에셋 생성을 위해 Unity 에디터 내장 기능 외에 추가 도구가 필요할 수 있습니다.

고도에서는 위의 두 가지 방법 중에서 glTF를 통한 두 번째 방법을 적극적으로 권장합니다. 첫 번째 방법의 대표적인 FBX 파일 포맷은 어도비의 소유로 오픈소스로는 포맷 변환을 완벽하게 지원하기가 어렵습니다. 반면에 두 번째의 glTF 포맷은 산업 표준으로 제정된 것이라 그 정보가 투명하게 공개되어 있어 포맷을 정확하게 다룰 수 있습니다.

그림 0-7처럼 glTF는 산업계 표준으로서 고도는 물론 대부분의 주요 게임 엔진들이 지원하고 있고 그 외에도 다양한 분야에서 널리 쓰이고 있습니다. 특히 블렌더 같은 오픈소스 3D 그래픽 툴에서도 기본으로 지원하기 때문에 고도와 블렌더를 함께 사용할 경우 상호 호환성이 매우 좋습니다.

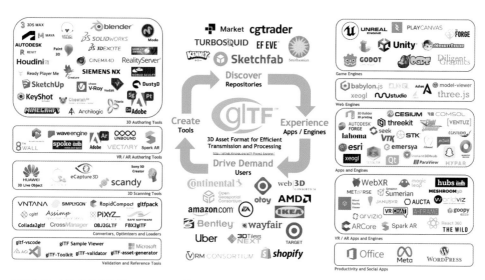

그림 0-7: glTF 생태계(출처: 크로노스 그룹, https://www.khronos.org/gltf/)

하지만 두 가지 방식 모두 에셋을 일정 부분 수동으로 처리해야 하는 단점은 있습니다. 특히 머티리얼, 셰이더, 라이팅 등의 설정은 고도 환경에 맞게 다시 조정해야 합니다. 또한, 코드 기반에셋이나 유니티 특화 기능(파티클 시스템 등)은 포맷 변환 시 제대로 작동하지 않을 수 있습니다. 이런 경우 해당 부분을 고도 환경에서 새로 구현해야 합니다. 따라서 에셋 옮겨오기 작업중에는 에셋 변환 과정에서의 데이터 손실, 기능 차이, 수동 재작업 등을 고려해야 합니다. 프로젝트 규모가 클수록 이 작업의 비중이 커질 수 있습니다. 에셋 가져오기를 극복하려면 최신glTF 2.0 포맷을 활용하는 것이 좋겠지만, 여전히 수동 작업이 필요할 수 있습니다.

유니티에서 glTF 포맷으로 내보내기

유니티에서 직접 FBX 파일을 glTF 포맷으로 내보낼 수 있습니다. 이를 위해서는 유니티 에디터에 내장된 glTF 익스포터를 사용하거나 서드파티 플러그인을 활용할 수 있습니다.

1. 유니티 glTFast 익스포터 사용

유니티 2018.1 버전부터는 glTF 2.0 포맷을 공식적으로 지원합니다. 다음 단계를 따라 FBX파일을 glTF로 변환할 수 있습니다:

- 유니티 glTFast 가 패키지 매니저에 미리 설치되어 있어야 합니다.

(설치 참고: https://docs.unity3d.com/Packages/com.unity.cloud.gltfast@6.2/manual/index.html)

- Project 윈도우에서 FBX 파일을 선택합니다.

- Inspector 창에서 Model 탭으로 이동합니다.

- Assets나 GameObject 드롭다운 메뉴를 클릭하고 'Export to glTF'를 선택합니다.

- glTF-Binary(.glb) 혹은 glTF(.gltf)를 선택합니다.

- 저장 경로와 파일명을 지정하고 '저장(Save)' 버튼을 클릭합니다.

이렇게 하면 선택한 FBX 파일과 동일한 경로에 glTF 파일이 생성됩니다. glb(바이너리) 또는 gltf(JSON) 확장자를 선택할 수 있습니다.

2. 서드파티 glTF 익스포터 사용

유니티의 내장 glTF 익스포터는 기능이 제한적일 수 있습니다. 이 경우 더 많은 옵션을 제공하는 서드파티 플러그인을 사용할 수 있습니다. 예를 들면 크로노스 그룹의 익스포터가 있습니다.

- Khronos glTF 유니티 익스포터: https://github.com/KhronosGroup/UnityGLTF

이러한 플러그인은 유니티 패키지로 가져와 설치한 후, 에디터 메뉴나 컨텍스트 메뉴에서 glTF 내보내기 기능을 사용할 수 있습니다.

서드파티 익스포터는 일반적으로 다음과 같은 추가 기능을 제공합니다:

- 더 많은 glTF 익스포트 옵션

- 텍스처 설정 및 압축 옵션

- 머티리얼 및 셰이더 변환 지원

- 애니메이션, 조명, UI 등 다양한 컴포넌트 지원

glTF는 향후 3D 데이터 교환의 주요 표준이 될 것으로 예상되므로, 에셋을 glTF로 내보내는 것은 교차 플랫폼 호환성을 높이는데 도움이 됩니다. 특히 고도 4는 glTF 포맷을 기본적으로 지원하므로, 유니티에서 고도로 에셋을 이전할 때 glTF를 활용하면 데이터 손실을 줄일 수 있습니다.

glTF 파일을 고도에서 가져오기

유니티에서 내보낸 glTF 파일을 고도에서 가져오는 방법은 다음과 같습니다:

1. 고도 프로젝트에 glTF 파일 추가하기

먼저 glTF 파일을 고도 프로젝트 폴더로 복사하거나 가져오기(Import) 기능을 사용하세요.

- 파일 시스템 탭에 glTF 파일을 드래그&드롭으로 넣습니다.
- 또는 glTF 파일을 프로젝트 폴더에 직접 복사합니다.

2. glTF 파일 가져오기(Import) 설정

glTF 파일이 파일시스템 독에 추가되면 고도는 자동으로 이를 인식하고 가져오기 설정을 제안합니다.

- 가져오기 독에 glTF 파일이 추가된 것을 확인할 수 있습니다.
- glTF 파일의 여러 가져오기 옵션을 확인할 수 있습니다.

3. 가져오기 옵션 설정

glTF 파일 가져오기 과정에서 다음 옵션을 설정할 수 있습니다:

- Scene: glTF 파일 내 어떤 Scene 노드를 가져올지 선택합니다.
- Node Mapping: glTF 노드와 Godot 노드 유형 매핑을 지정합니다.
- Mesh Optimization: 메시 최적화 설정입니다.
- Import Materials: 머터리얼을 외부에서 가져올지 여부를 선택합니다.

일반적으로 기본 옵션을 그대로 사용해도 무방하지만, 프로젝트 요구사항에 맞게 조정할 수도 있습니다.

4. glTF 씬 인스턴스화하기

가져오기가 완료되면 glTF 씬을 고도에 인스턴스화할 수 있습니다:

- 씬 도크에서 glTF 씬 파일을 Viewport 또는 다른 노드에 드래그&드롭하여 추가합니다.
- 또는 스크립트로 PackedScene을 로드하여 인스턴스를 만듭니다.

스크립트 0-5: GDScript 코드 예

```
var scene = load("res://path/to/gltf_scene.glb").instantiate()
add_child(scene)
```

이렇게 하면 유니티에서 내보낸 glTF 파일을 고도로 성공적으로 가져와서 씬에 추가할 수 있습니다.

5. 필요한 추가 작업

경우에 따라 다음과 같은 추가 작업이 필요할 수 있습니다:

- 머티리얼 및 셰이더 매핑 수정

- 애니메이션 및 스킨 가중치 조정

- 조명 및 포스트프로세싱 재설정

- 물리 설정 재구성

따라서 glTF를 통해 일부 데이터 손실 없이 에셋을 상호 이동할 수 있지만, 완전한 1:1 변환은 어렵습니다. 프로젝트 복잡도에 따라 수동 조정이 추가로 필요할 수 있습니다.

Unidot Importer 사용

Unidot이란 개별적인 에셋뿐만 아니라 유니티용 .unitypackage 및 기타 에셋을 고도 4 용으로 가져오는 GDScript 애드온입니다. Unidot 애드온을 실행하려면 에디터 설정에서 FBX2glTF가 구성된 고도 4.0 이상 버전을 사용해야 합니다. Unidot의 기능은 다음과 같습니다.

- .unitypackage 임포터 및 번역 심(Shim)

- 네이티브 파일 유형(.unity 또는 .mat 등)을 고도 네이티브 씬 또는 리소스 유형으로 변환

- 휴머노이드 .anim 포맷을 포함한 애니메이션 및 애니메이션 트리 포팅

- 프리팹, 언패킹된 프리팹 및 모델 임포트를 포함한 휴머노이드 뼈대를 지원

- 프리팹과 상속된 프리팹을 네이티브 고도 씬과 상속된 씬으로 변환

- 바이너리 및 텍스트 YAML 인코딩 모두 지원

- GUID로 에셋 데이터베이스 구현

단, 스크립트와 셰이더는 수작업으로 포팅해야 합니다. 하지만 스크립트와 셰이더를 고도와 동등한 것으로 매핑할 수 있습니다.

Unidot 애드온의 자세한 설치 방법과 사용법은 공식 홈페이지를 참조하기 바랍니다.

- Unidot 공식 홈페이지 https://unidot.org/

그림 0-8: Unidot 실행 화면(출처 https://unidot.org/docs/#made-for-godot-engine-4)

PROFILE 김성완: AI Scientist (Deep Learning, Generative AI)

서강대학교 물리학과를 졸업한 후 부산대 대학원 지구과학과 박사과정을 수료했다.

부산 게임아카데미 외래교수, 영산대 게임영상콘텐츠 겸임교수 등을 거쳐 현재 동양대 게임학부 교육과정 자문위원과 게임인재원 프로그래밍학과 외래 교수로 있다.

펄어비스 R&D팀 팀장/AI 연구원, 미리내소프트웨어 개발이사, 오즈인터미디어 CTO, 스코넥 VR 기술고문, 젬스푼 개발이사 등 다양한 활동을 해왔으며, 현재는 Godot Engine Korea 운영자(페이스북 그룹), 인디라! 인디게임 개발자 모임 대표(페이스북 그룹), 부산인디커넥트 페스티벌 조직위 집행위원장, GenAI Korea 운영자(페이스북 그룹)으로 활동 중이다.

저서로는 <게임 프로그래머에게 배우는 게임 개발 테크닉>(공저/정보문화사), <The Game Graphics: 유니티와 언리얼 그리고 VR>(공저/비엘북스), <가상현실을 말하다>(공저/클라우드북스), <위대한 게임의 탄생 3>(공저/지앤선), <게임 프로그래머로 산다는 것>(공저/로드북) 등이 있다.

고도 엔진에 대한 관심이 높아지는 가운데 국내에 정식으로 소개된 책이 매우 적었는데, 고도 엔진 입문자들을 위한 또다른 좋은 책이 나오게 된 것은 반가운 소식입니다. 이 책은 고도 엔진 입문자들을 위해 기초부터 친절히 설명하고 있는데, 특히 고도 엔진에서 사용하는 GDScript 문법을 별도로 상세히 다루고 있고, 고도 엔진의 내장 디버거나 프로파일러의 사용법도 다루고 있어 입문자를 위한 배려와 실용성이 더욱 돋보이는 책이라고 할 수 있습니다.

김성완(Godot Engine Korea 운영자, 인디라! 인디 게임 개발자 모임 대표)

무거운 게임 엔진을 사용해 트리플 A 게임 개발에 몰두하던 저에게 가볍고 편리한 고도 엔진은 게임 제작의 즐거움을 다시금 깨닫게 해주었습니다. 이 책은 고도 엔진을 처음 접하는 분들을 위한 친절한 안내서로, 독학용으로도 좋지만 강의 교재로 사용하기에도 아주 적합합니다. 특히 GDScript의 기초를 자세히 설명하고 있는 점과 AR/VR 게임 개발까지 다루고 있는 점은 다른 책들과 차별화되는 장점입니다. 유니티나 언리얼에서 고도 엔진으로 변경하려고 하시거나, 처음부터 고도 엔진을 배우고자 하시는 분들 모두에게 이 책을 강력히 추천드립니다.

김웅남(유비소프트 리플렉션, 리드 테크니컬 디자이너)

고도 엔진은 무료 오픈 소스와 뛰어난 성능이 장점으로, 게임 개발 입문자는 물론 기존 개발자들에게도 활용도가 높다고 할 수 있습니다. 이 책은 초보 입문자들을 위한 단계적 설명은 물론 고급 개발을 위한 고도 엔진의 내장 디버거나 프로파일러의 사용법도 다루고 있어, 초보에서 중급 수준까지 고도 엔진이 익숙치 않은 이들에게 많은 도움을 줄 수 있는 책으로 추천할 수 있습니다.

안정언(한국콘텐츠진흥원, 게임프로그래밍 교수)

게임 엔진은 게임 개발은 물론 영상 제작, 물리 시뮬레이션, 엔지니어링 등 다양한 분야에서 사용되고 있습니다. 게임 엔진을 사용해 작품을 제작하려면 프로그래밍, 3D 모델링, 애니메이션 등 다양한 스킬이 필요합니다. 또한 게임 엔진 자체에서 제공하는 조작 방법을 방법을 습득해야 합니다. 게임 제작 순서를 모르거나 프로그래밍을 어려워하는 사람들은 더 이상 진행하지 못하거나, 게임 엔진 조작 방법을 알지 못하는 이유로 게임 엔진을 활용한 개발을 포기해 버리는 분들도 많을 것입니다. 필자 또한 게임 엔진을 처음 다루었을 때는 게임 엔진을 조작하지 못해 다른 책이나 웹 사이트의 튜토리얼을 찾아가며 조작 방법을 익혔습니다. 게임 개발을 그만둔 경험이 있는 분은 물론 이제부터 시작하고자 하는 분도 있을 것입니다. 그러나 크게 준비할 것은 없습니다. 개발을 잘하는 사람이라도 처음에는 모방에서 시작합니다. 하지만 단순한 모방이 아닌 '왜 그렇게 되는가?', '왜 그렇게 하는가?'라는 질문에 대한 답을 얻을 때까지 생각하면서 진행하는 것이 학습의 지름길입니다.

사용자들이 잘 알고 있고, 시장 점유율도 높은 게임 엔진으로는 유니티 테크놀로지Unity Technologies사가 제공하는 유니티Unity, 에픽 게임즈Epic Games사가 제공하는 언리얼 엔진Unreal Engine을 들 수 있습니다. 이 게임 엔진들은 게임 엔진 업계에서 사실상 표준이라 해도 과언이 아닐 것입니다. 하지만 이 책에서는 유니티나 언리얼 엔진이 아닌 고도Godot라는 게임 엔진을 사용합니다. 고도는 비교적 쉽게 다룰 수 있는 게임 엔진이기 때문에 초보자가 학습하기 적절하다고 말할 수 있습니다. 게임 엔진이 다르다고 해서, 이 책을 통해 학습한 것들을 유니티나 언리얼 엔진에서 전혀 사용할 수 없는 것도 아닙니다. 게임 엔진이 다르더라도 기본적인 사고 방식에는 공통점이 많습니다. 그렇기 때문에 이 책은 유니티나 언리얼 엔진으로 스킬을 향상하기 위한 발돋움 단계로서 사용할 수도 있습니다.

이 책의 대상 독자는 다음과 같습니다. 게임 엔진을 이제 막 사용하기 시작한 분들도 게임을 완성할 수 있도록 가능한 한 상세하게 설명했습니다.

이 책이 여러분이 게임 개발을 학습하는 데 조금이나마 도움이 되기를 바랍니다.

목차

CHAPTER 01 : 고도 사용 준비

CHAPTER 02 : 고도 입문

CHAPTER 03 : **2D 액션 게임 제작**

목차

CHAPTER 04 : 3D FPS 게임 제작

CHAPTER 05 : AR/VR 제작 기초

목차

01

고도 사용 준비

1.1 고도란?

SECTION 1.1

1.1.1 고도로 할 수 있는 것

고도^{Godot}는 2D/3D 게임을 개발할 수 있는 게임 엔진입니다. 게임 개발은 물론 애니메이션, 물리 시뮬레이션, AR/VR 애플리케이션도 개발할 수 있습니다. 2014년에 첫 번째 안정 버전인 버전 1.0이 릴리스 됐으며, 2024년 3월 현재 최신 버전은 4.2.1입니다.

고도는 크로스플랫폼 엔진으로 Windows, macOS, Linux는 물론 Android 웹 브라우저에서도 사용할 수 있습니다. 작품은 표 1-1과 같이 플랫폼용으로 내보내기(export)를 할 수 있습니다. 라이선스(법적 허가 조건)로 인해 직접 콘솔 게임기용으로는 내보내기 할 수 없으나, 서드파티 기업 (https://www.w4games.com)에 의뢰하면 콘솔 게임기에서도 동작하게 할 수 있습니다.

표 1-1: 내보내기 가능한 플랫폼 예

기기 종류	대응 OS
PC	Windows, macOS, Linux
스마트폰	Android, iOS
콘솔 게임기	불가
AR/VR	Oculus, Microsoft MR, VIVE
웹	HTML5

고도는 MIT 라이선스 기반으로 제공되는 오픈 소스 소프트웨어이며, 게임 엔진 자체의 소스 코드가 인터넷에 공개되어 있습니다.

MIT 라이선스 기반으로 배포되는 소프트웨어는 무료 및 무제한으로 개인용/상용으로 사용할 수 있으며, 소프트웨어 제작/공개/배포 등을 허용하고 있습니다. 단 저작권과 라이선스 문서를 기술해야 하고 저작권자는 어떠한 책임도 지지 않는다는 조건이 있습니다.

고도와 마찬가지로 2D/3D 개발에 대응하는 게임 엔진 중에서 높은 지명도와 시장 점유율을 가진 것은 유니티와 언리얼 엔진입니다. 이 게임 엔진들은 고도가 따르는 MIT 라이선스가 아니라 각 기업에서 만든 독자 라이선스에 의해 보호되고 있습니다. 따라서 사용 용도가 제한되어 있고 일정 수준 이상의 수익을 올리면 로열티를 지불해야 합니다. 이렇게 사용의 자유도가 높은 것이 고도의 특징이라고도 할 수 있습니다.

1.1.2 활발한 OSS 커뮤니티

고도 개발은 커뮤니티를 통해 이루어집니다. 고도 커뮤니티의 활동은 매우 활발하며 다음 공식 페이지를 통해 고도의 인기가 얼마나 퍼지고 있는지 알 수 있습니다.

커뮤니티 URL

https://godotengine.org/community

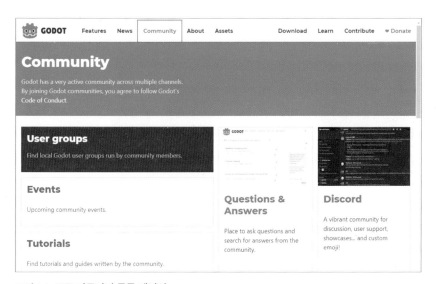

그림 1-1: 고도 커뮤니티 목록 페이지

고도 개발은 깃허브GitHub에서 진행되고 있으며 소스 코드도 얻을 수 있습니다. 개발 마일스톤도 공개하고 있으므로 향후 버전에서 구현이 예정된 기능이나 공개 진행 상황도 확인할 수 있습니다. 게임 엔진의 버그를 보고하거나 추가 기능 등을 요청할 수도 있습니다.

채팅 서비스인 디스코드Discord 및 고도 커뮤니티 포럼(https://godotforums.org)에서는 채팅을 통해 활발한 소통이 이루어지고 있습니다. 커뮤니티가 운영하는 Q&A 사이트 및 공식 페이스북Facebook 커뮤니티에서는 이용자들끼리 질의 응답이 이루어지고 있으므로 모르는 사항이 있다면 사용하는 것도 좋습니다. 단 영어로만 소통이 이루어지므로 유의합니다.

환경 구축

1.2.1 고도 다운로드

실제 개발을 하기 위해서는 우선 고도 에디터를 다운로드해야 합니다. 공식 사이트의 다운로드 페이지에서 다운로드할 수 있습니다.

고도 다운로드 URL

https://godotengine.org/download

그림 1-2: 고도 다운로드 페이지

다운로드 사이트에서 Android, Linux, macOS, Windows 중 사용 환경에 맞는 것을 선택합니다. Linux, macOS, Windows용으로는 C#을 사용해 개발할 수 있는 .NET 버전도 제공하지만 이 책에서는 .NET 버전을 사용하지 않습니다.

다운로드 링크를 클릭해서 다운로드한 zip 파일의 압축을 풉니다. macOS에서는 `Godot.app`, Windows에서는 `Godot_v4.2.1-stable_wins64.exe`와 같은 파일을 확인할 수 있습니다. 이 파일이 고도 실행 파일입니다. 여러분이 원하는 위치에 파일을 배치합니다.

고도를 사용한 개발에 필요한 모든 것은 이 실행 파일에 포함되어 있습니다. 또한 어려운 설치 작업이 필요하지 않으며 실행 파일을 실행하기만 하면 에디터를 켜서 개발을 시작할 수 있습니다. 또한 실행 파일의 크기는 100~150MB 정도이며 다른 게임 엔진에 비해 가볍게 설계되어 있습니다. 이렇게 휴대성이 높고 개발을 시작하기 위한 장벽이 낮다는 점 또한 고도 엔진의 특징입니다.

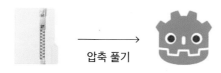
압축 풀기

그림 1-3: 다운로드된 zip 파일과 압축을 푼 뒤의 실행 파일

이 책에서 사용한 개발 환경은 다음과 같습니다.

- Windows 10 Home 21H2
- Godot Engine v4.2.1

고도에서는 웹 에디터도 제공하며 웹 브라우저에서 개발을 수행할 수도 있습니다. 단 디버그 기능 등은 지원하지 않으므로 본격적인 개발 용도로는 권장하지 않습니다. 일시적으로 다뤄 보고 싶거나, 교육을 목적으로 하는 경우라면 웹 에디터만으로도 충분히 개발할 수 있습니다.

웹 에디터 URL

https://editor.godotengine.org

1.2.2 새 프로젝트 작성 및 에디터 UI

개발 환경 준비를 마쳤으므로 프로젝트를 작성해 봅니다. 앞에서 다운로드한 고도 실행 파일을 더블 클릭합니다. 에디터가 켜지고 프로젝트 매니저가 실행됩니다. '프로젝트' 탭에는 프로젝트 목록이 표시됩니다. '템플릿' 탭에서는 개인 작품이나 템플릿 프로젝트 등을 다운로드할 수 있습니다.

사용하는 언어는 프로젝트 매니저 오른쪽 위의 언어 선택 버튼을 사용해 변경할 수 있습니다. 한국어를 사용하고 싶다면 '[ko] Korean'을 선택합니다.

프로젝트 작성을 시작할 때는 먼저 '새로 만들기'를 선택합니다.

그림 1-4: 프로젝트 매니저

프로젝트 이름과 프로젝트 경로(프로젝트 저장 폴더)를 설정하는 창이 표시되므로 해당 값들을 설정합니다. 여기에서는 프로젝트 이름을 FirstProject로 했습니다. 프로젝트 경로는 임의의 빈 폴더를 설정합니다. 프로젝트 이름과 프로젝트 경로의 폴더 이름을 동일하게 설정하면 편할 것입니다. 프로젝트 이름 입력 필드 오른쪽의 '폴더 만들기' 버튼을 클릭하면 프로젝트 이름과 같은 이름의 폴더를 작성할 수 있습니다. 렌더러는 변경하지 않아도 됩니다.

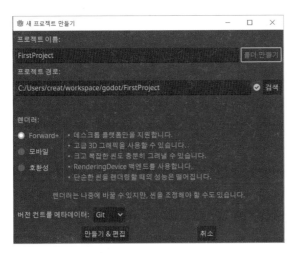

그림 1-5: 새 프로젝트 만들기 화면

프로젝트 설정을 마쳤으므로 창 아래의 '만들기 & 편집'을 선택합니다. 에디터가 켜지고 프로젝트를 읽습니다. 프로젝트 작성 흐름은 이상과 같습니다.

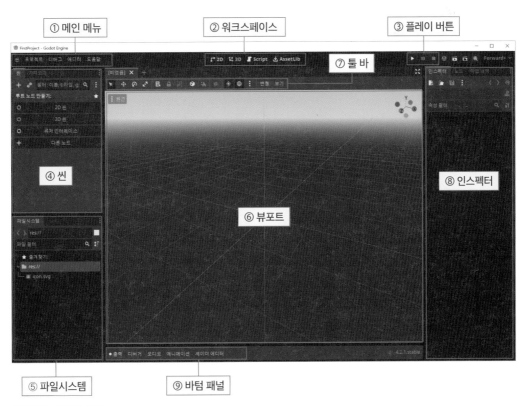

그림 1-6: 에디터 화면

에디터의 주요 창의 역할은 표 1-2와 같습니다.

표 1-2: 에디터의 탭과 역할

메인 메뉴	프로젝트나 에디터와 관련된 각종 설정, 프로젝트 전환, 프로젝트 내보내기를 수행한다.
워크스페이스	2D 및 3D나 스크립트 에디터 전환을 수행한다.
플레이	프로젝트를 실행/일시 정지/ 정지한다.
씬	게임 안에서 사용하는 객체를 관리한다.
파일시스템	프로젝트 안에서 사용하는 리소스를 관리한다.
뷰포트	게임 안에서 사용하는 객체의 배치 등을 수행한다.
툴 바	뷰포트의 레이아웃을 변경하거나 마우스 조작 모드를 전환한다.
인스펙터	각 객체의 설정을 수행한다.

CHAPTER

02

고도 입문

게임을 구성하는 기본 요소

2.1.1 노드와 씬

게임 안에는 캐릭터, 카메라, 광원, 음원과 같은 다양한 게임 요소가 존재합니다. 이 게임 요소들을 작성하는 방법을 이해하려면 먼저 '객체'와 '노드'에 관해 알아야 합니다.

프로그래밍 세계에서는 '상속'이라는 방법을 사용해 다양한 요소를 작성합니다. 상속이란 어떤 요소의 특성을 이어받아 새롭게 다른 요소를 만드는 것을 말합니다.

예를 들어 '탈것'이라는 추상적인 요소를 만들었다고 가정합니다. 탈것은 사람을 태우고 이동할 수 있다는 특성을 가집니다. 탈것의 특성을 이어받으면 '자동차'나 '비행기'라는 요소를 만들 수 있습니다. 자동차는 탈것의 특성에 엔진을 동력으로 하고 타이어 바퀴로 도로를 이동하는 특성을 가집니다. 또한 자동차의 특성을 이어받으면 버스나 오토바이 등을 만들 수 있습니다.

고도에서 사용되는 다양한 게임 요소도 상속을 사용해서 작성되어 있습니다. 이때 부모가 되는 요소를 거슬러 올라가면 첫 번째 요소에 도달합니다. 이것을 객체object라고 부릅니다. 일부 예외는 있지만 고도에서 다루는 요소는 그 출처를 거슬러 올라가면 모두 객체라고 생각할 수 있습니다.

객체는 '탈것'과 같이 추상적이며 객체 자체를 직접 사용하는 일은 거의 없습니다. 대신 객체를 상속한 노드node라 불리는 요소를 사용합니다. 게임 안의 캐릭터, 사운드, 게임 공간 자체도 노드를 기반으로 작성되어 있습니다. 따라서 게임 개발자의 시점에서는 '게임 안에서 사용하는 다양한 요소는 노드이다'라고 생각해도 됩니다. 또한 모든 노드가 객체를 상속하므로 이들을 객체라 불러도 틀린 말은 아닙니다.

이 책에서도 달리 오해할 여지가 없는 한 게임 요소를 '객체' 또는 '노드'라 표기합니다.

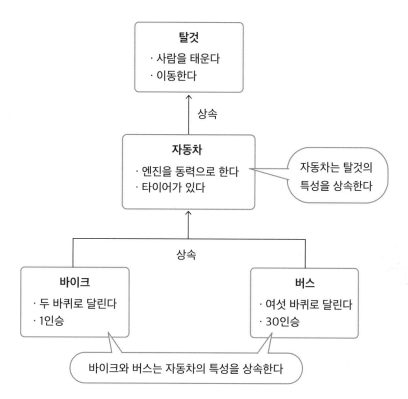

그림 2-1: 상속의 개념의 예

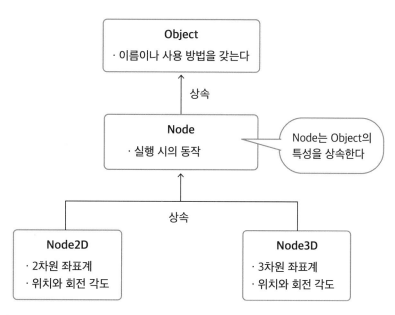

그림 2-2: 객체와 노드의 상속 관계

그림 2-3은 고도로 작성한 게임의 예입니다. 배경과 카메라, 스테이지, 플레이어 등의 요소로 구성 되어 있습니다. 앞에서 설명한 것처럼 이 게임 요소들은 모두 노드를 상속해서 만들어졌습니다.

그림 2-3: 고도로 작성한 게임의 구성 예

그림 2-3에서도 알 수 있듯 노드는 중첩할 수 있습니다. 'Player' 노드는 충돌 판정 (CollisionDetect), 애니메이션(Animation), 지면과의 접촉 판정(GroundDetector) 기능을 가진 3개의 노드로 구성되어 있습니다. 그림 2-4는 중첩 구조의 노드를 나타냅니다. 다른 특성을 가진 여러 노드를 모아서 하나의 노드로 다룰 수 있습니다.

노드와는 별도로 고도에서는 씬Scene이라 불리는 것이 있습니다. 씬의 특징은 다음과 같습니다.

- 최상위 부모 노드를 1개 갖는다.
- 씬은 데이터로 저장할 수 있다.
- 게임 안에서 복제(인스턴스화)할 수 있다.

간단히 말하면 작성한 게임 안에서 저장하고 싶은 것은 모두 씬으로 변환해 저장됩니다. 그림 2-3 의 예에서도 씬은 'Node'라는 이름의 최상위 노드를 가지고 있음을 확인할 수 있습니다.

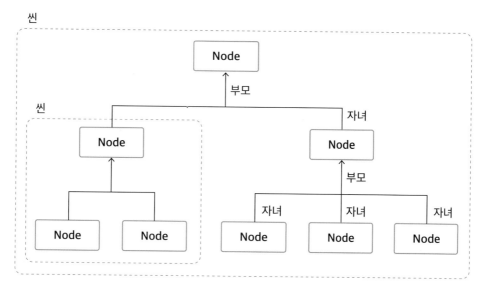

그림 2-4: 노드 트리와 씬

노드는 그룹으로 만들 수도 있습니다. 그룹으로 만든 뒤에는 해당 그룹에 대해 다음과 같은 조작을 할 수 있습니다. 여러 노드에 대해 일괄적으로 같은 처리를 수행하고 싶을 때 노드를 그룹으로 만들면 편리합니다.

- 그룹에 포함된 노드의 목록을 취득한다.
- 그룹에 포함된 모든 노드에 알림을 보낸다.

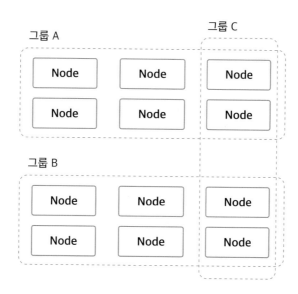

그림 2-5: 노드 그룹화

2.1.2 시그널

게임 개발에서는 아이템을 취득했을 때, 시야에 들어왔을 때 등 특정한 시점에 무언가 처리를 실행하고 싶은 상황이 있습니다. 이를 위해 '시그널'이라는 구조를 제공합니다. 시그널Signal을 사용하면 특정 노드에 사전에 구현되어 있는 기능을 호출할 수 있습니다.

그림 2-6은 시그널을 사용한 장면을 나타냅니다. 여기에서는 '캐릭터가 아이템을 취득하면 체력을 회복한다'는 기능을 구현하는 상황을 가정했습니다.

아이템 종류가 많지 않거나 회복량이 항상 같다면 체력 회복 처리를 모두 캐릭터 측에서 작성해도 괜찮을 것입니다. 하지만 아이템의 수가 많고 아이템에 따라 회복량이 다른 경우, 캐릭터 측에서 모든 처리를 작성하면 프로그램 가독성이나 유지보수성이 낮아집니다.

그래서 캐릭터 측에서는 '체력을 회복한다'라는 기능만 작성하고 회복량은 호출하는 측에서 지정할 수 있도록 합니다. 그리고 아이템을 취득할 때 각 아이템이 회복량을 지정해 이 기능을 호출하도록 합니다. 이렇게 하면 캐릭터는 아이템 종류나 회복량을 고려하지 않아도 됩니다.

이렇게 특정한 노드가 가진 기능을 호출하는 동작을 고도에서는 '시그널을 보낸다'고 표현합니다.

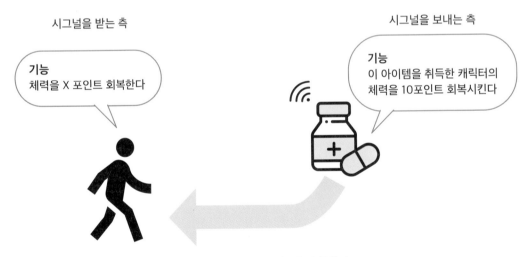

그림 2-6: 시그널의 구조

GDScript 기본 지식

2.2.1 프로그램 작성 및 실행

고도에서는 여러 프로그래밍 언어를 사용할 수 있습니다. 공식적으로는 GDScript, C#, C++ 3개 언어를 지원합니다. 그리고 '언어 바인딩'이라 불리는 방법을 사용하면 파이썬과 Go 등도 사용할 수 있습니다.

이 책에서는 고도가 제공하는 고유 프로그래밍 언어인 'GDScript'를 사용합니다. GDScript는 파이썬과 유사한 문법을 갖고 있으며, 프로그래밍 초보자도 비교적 쉽게 익히고 사용할 수 있는 것으로 알려져 있습니다. GDScript는 고도의 성능을 최대한으로 끌어낼 수 있도록 설계되어 있으며, 공식적으로 이 언어를 사용할 것을 권장하고 있습니다.

여기에서는 프로그램 작성에서 실행까지의 순서를 설명합니다. 먼저 1장에서와 같이 새 프로젝트를 작성합니다. 다음으로 최상위 노드가 되는 루트 노드를 작성합니다. 씬 탭에 표시되어 있는 '2D 씬'을 선택하면 그림 2-7과 같이 'Node2D'라는 이름의 노드가 작성됩니다.

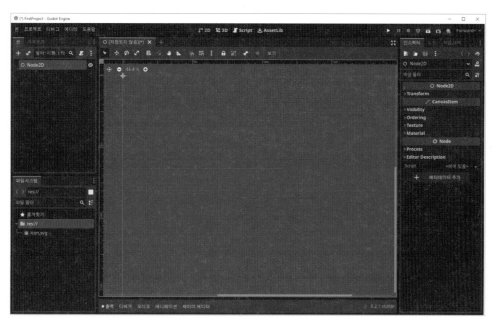

그림 2-7: 루트 노드 'Node2D' 작성

노드를 작성한 직후의 상태는 저장되지 않았으므로 메인 메뉴에서 '씬 → 씬을 다른 이름으로 저장'을 선택해 씬을 저장합니다. 여기에서는 main.tscn이라는 이름으로 저장합니다.

tscn이라는 확장자는 텍스트 형식의 씬 파일이라는 것을 나타내며 텍스트 에디터 등을 사용해 내용을 읽을 수 있습니다. 씬은 scn이라는 확장자로도 저장할 수 있습니다. 확장자를 scn으로 지정하면 씬이 바이너리 형식으로 저장되며 내용을 읽을 수는 없지만 파일 크기를 줄일 수 있습니다.

작성된 Node2D의 노드를 선택하면 인스펙터에 Node2D에 대응하는 설정 항목이 표시됩니다. 프로그램 작성과 설정은 'Script' 항목에서 수행합니다.

그림 2-8에서 나타낸 것처럼 인스펙터의 Script에서 '새 스크립트'를 선택하고 스크립트를 작성합니다. 스크립트를 작성할 때 설정을 수행하는 창이 표시됩니다. 스크립트 파일 이름은 hello.gd로 설정하고 그 밖의 항목들은 기본 설정으로 둔 채 '만들기' 버튼을 클릭합니다. gd라는 확장자는 GDScript로 작성된 스크립트임을 나타냅니다.

그림 2-8: 새 스크립트 작성

'만들기' 버튼을 클릭하면 그림 2-9와 같은 스크립트 편집 화면으로 전환됩니다. 작성된 스크립트 파일은 파일시스템 탭에 표시됩니다.

그림 2-9: 새 스크립트 작성 후의 에디터 화면

작성 직후의 스크립트에는 아무런 처리도 기술되어 있지 않습니다. 동작을 확인하기 위해 스크립트 2-1의 내용을 입력하고 저장합니다. 스크립트를 저장할 때는 스크립트 편집 화면 메뉴에서 '파일 → 저장'을 선택합니다. 이 스크립트를 실행하면 Hello Godot!!라는 문자를 표시합니다. 스크립트 안에서 샵(#) 기호로 시작하는 행은 주석입니다.

스크립트 2-1: 동작 테스트용 스크립트

```
extends Node2D

func _ready():
  # 실행 시 문자를 표시한다
  print("Hello Godot!!")
```

▶ 실행 결과

```
Hello Godot!!
```

이것으로 스크립트 실행 확인 준비를 마쳤습니다. 에디터 오른쪽 위에 있는 플레이 버튼(▶)을 선택해 게임을 실행합니다. 그림 2-10과 같은 화면이 나타나므로 '현재 선택' 또는 '선택' 버튼을 클릭하고 앞에서 저장한 main.tscn을 선택합니다.

그림 2-10: 새 스크립트 작성 후 에디터 화면

main.tscn을 선택하면 게임이 실행됩니다. 게임 안에는 아직 아무것도 배치하지 않았으므로 회색 화면이 표시됩니다. 에디터 화면 아래에 있는 바텀 패널의 출력 탭에는 Hello Godot!!라고 표시됩니다. 이상으로 스크립트 실행 확인을 완료했습니다. 실행을 정지할 때는 플레이 버튼 영역의 정지 버튼(■)을 클릭합니다.

그림 2-11: 새 프로젝트 실행 후 에디터 화면

2.2.2 변수와 타입

프로그램을 사용해 게임을 제어하려면 프로그램 안에서 다양한 데이터를 다뤄야 합니다. 그리고 데이터를 저장하는 구조도 필요합니다. GDScript에서는 데이터를 저장하기 위한 '변수'라는 구조를 제공합니다. 변수는 데이터를 저장하기 위한 상자이며 그림 2-12와 같은 이미지입니다.

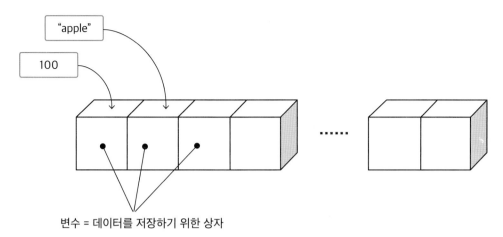

변수 = 데이터를 저장하기 위한 상자

그림 2-12: 변수의 구조

고도뿐만 아니라 컴퓨터를 사용해 데이터를 다룰 때는 그것이 어떤 종류의 데이터인지 타입을 명확하게 지정해야 합니다. 예를 들어 '100'이라는 표기에 대해 이것이 숫자 값인지 1과 0을 연결한 문자열인지 명확하게 구별해야 합니다. 변수에 저장할 수 있는 데이터의 종류를 '데이터 타입' 또는 단순하게 '타입'이라 부릅니다. GDScript에서 사용할 수 있는 데이터 타입을 표 2-1에 정리했습니다.

표 2-1에 표시한 타입은 내장 타입 베이스Embedded Type Base라 불리는, GDScript에서 가장 기본적인 데이터 타입입니다. 이 밖에도 GDScript에서는 벡터나 색, 좌표계 등 다양한 데이터 타입을 제공합니다.

표 2-1: 내장 타입 베이스 목록

데이터 타입		설명
TYPE_NIL	null	널 값. 변수에 값이 들어 있지 않음을 의미하는 특수한 값
TYPE_BOOL	bool	논리. true 또는 false 중 하나의 값
TYPE_INT	int	정수
TYPE_REAL	float	부동 소수점 수
TYPE_STRING	String	문자열

변수를 작성하고 값을 변수에 저장할 때는 다음과 같이 기술합니다. 그리고 데이터를 변수에 저장하는 것을 '대입'이라 부릅니다.

```
var 변수_이름              # 변수 작성
var 변수_이름 = 값          # 변수 작성과 동시에 값을 대입


var 변수_이름:타입_이름        # 타입을 지정해서 변수 작성
var 변수_이름:타입_이름 = 값   # 타입을 지정해서 변수 작성과 동시에 값을 대입
```

GDScript는 '동적 타입 언어'라 불리며 프로그램을 실행할 때 데이터 타입을 자동으로 결정하는 구조를 갖고 있습니다. 동적 타입 언어는 프로그램 개발자가 타입을 명시할 필요가 없는 반면, 적절하게 프로그램을 실행하지 않으면 버그의 원인이 됩니다. 그렇기 때문에 GDScript에는 타입을 명시해서 변수를 작성하는 방법, 즉 '정적 타이핑' 기능도 제공합니다. 타입을 명시함으로써 숫자 값만 넣을 수 있는 변수에 문자열을 대입하는 등의 버그를 피할 수 있습니다.

동적 타이핑과 정적 타이핑의 차이를 확인하기 위해 스크립트 2-2를 실행해 봅니다. 스크립트 2-2에서는 변수의 내용을 float 타입 값으로 초기화합니다. 동적 타이핑의 경우 float 타입 값을 저장하고 있는 변수인 dynamic_typed_var에 문자열 타입의 값을 대입해도 오류가 발생하지 않습니다. 하지만 정적 타이핑의 경우에는 float 타입 데이터를 저장하고 있는 변수인 static_typed_var에 문자열 타입의 값을 대입하면 오류가 발생합니다. 이렇게 정적 타입 변수에는 최초에 결정된 데이터 타입 이외의 값은 대입할 수 없습니다.

개인이 게임을 제작하는 등 규모가 크지 않은 게임에서는 동적 타이핑을 사용해도 전혀 문제되지 않지만, 스크립트 양이 어느정도 늘어난다면 정적 타이핑을 사용하는 것을 권장합니다.

스크립트 2-2: 동적 타이핑과 정적 타이핑

```
extends Node2D


func _ready():
    # 동적 타입(타입을 지정하지 않고) 변수를 작성
    var dynamic_typed_var = 1.0
    dynamic_typed_var = "문자열을 대입" # 오류가 발생하지 않는다

    # 정적 타입(타입을 지정해서) 변수를 작성
    var static_typed_var : float = 1.0
```

```
static_typed_var = "문자열을 대입"  # 여기에서 오류가 발생한다

# 위 스크립트에서는 오류가 발생한다
```

변수 이름은 다음 규칙을 지키는 한 자유롭게 지을 수 있습니다.

- 영문자 대문자, 영문자 소문자, 숫자 및 언더스코어만 사용한다.
- 변수의 첫 번째 글자는 영문자 및 언더스코어만 사용한다.
- 예약어는 사용할 수 없다.

GDScript의 예약어는 다음과 같습니다.

if	as	in	void
elif	assert	is	yield
else	await	namespace	PI
for	breakpoint	preload	TAU
while	class	self	INF
break	class_name	signal	NAN
continue	const	static	
pass	snum	super	
return	extends	trait	
match	func	var	

상수

변수에 저장되어 있는 값은 변경할 수 있습니다. 값이 변하지 않을 때는 상수를 사용합니다. 상수는 다음과 같이 정의합니다. 타입 이름을 지정하지 않고 :=라는 연산자를 사용하는 경우 데이터 타입은 GDScript가 자동으로 결정합니다.

```
const 변수_이름 = 값
const 변수_이름 := 값
const 변수_이름:타입_이름 = 값
```

스크립트 2-3에서는 VAR_CONSTANT라는 이름의 상수를 작성하고 100이라는 값을 대입했습니다. 그리고 스크립트를 실행할 때 상수의 값을 200으로 변경합니다. 상수의 값은 변경할 수 없으므로 Cannot assign a new value to a constant.라는 문구와 함께 오류가 발생합니다. 상수를 작성할 때는 관례적으로 이름을 모두 대문자로 작성합니다.

스크립트 2-3: 상수 작성

```
extends Node2D

# 상수를 작성한다
const VAR_CONSTANT = 100


func _ready():
VAR_CONSTANT = 200  # 상수를 변경하면 오류가 발생한다
print("값 = ", VAR_CONSTANT)

# 위 스크립트에서는 오류가 발생한다
```

열거 타입

게임을 작성하다 보면 플레이어가 정지했을 때, 걷고 있을 때, 점프하고 있을 때와 같이 미리 정해져 있는 선택지 중 특정 항목을 사용하고 싶을 때가 있습니다. 열거 타입은 이럴 때 편리하게 사용할 수 있는 데이터 타입입니다.

열거 타입에서는 항목의 목록을 정의할 수 있으며 다음과 같이 작성합니다. 키에는 문자열을 지정합니다. 열거 타입의 각 키에는 정수가 할당되며 키는 그 정수들에 라벨을 붙인 것으로 간주할 수 있습니다. 그리고 각 키에 할당된 정수 값은 명시적으로 지정할 수도 있습니다. 정수 값을 지정하지 않으면 먼저 선언한 키부터 마지막 키의 방향으로 0, 1, 2, …로 값이 자동 할당됩니다.

```
enum 변수_이름 {키_1, 키_2, 키_3, ...}
enum 변수_이름 {키_1=값_1, 키_2=값_2, 키_3=값_3, ...}
```

열거 타입 데이터에 접근할 때는 **변수_이름.키_이름**으로 지정합니다. 열거 타입의 데이터를 작성할 때 변수 이름을 생략할 수도 있습니다. 변수 이름을 생략하면 '키 이름'으로만 접근할 수 있습니다.

스크립트 2-4는 '이름 있는' 열거 타입과 '이름 없는' 열거 타입 변수를 작성하고 사용하는 구문입니다. 각 키에는 정수 값을 할당하지 않으므로 기본 값인 0, 1, 2가 할당됩니다.

스크립트 2-4: 열거 타입 변수

```
extends Node2D

# 이름 있는 열거 타입 변수 작성
enum playerStatus { IDLE, WALK, JUMP }
# 이름 없는 열거 타입 변수 작성
enum { STAGE_X, STAGE_Y, STAGE_Z }


func _ready():

    # 이름 있는 열거 타입 데이터 사용 예
    print("IDLE = ", playerStatus.IDLE)  # 0이 표시된다
    print("WALK = ", playerStatus.WALK)  # 1이 표시된다
    print("JUMP = ", playerStatus.JUMP)  # 2이 표시된다

    # 이름 없는 열거 타입 데이터 사용 예
    print("STAGE_X = ", STAGE_X)  # 0이 표시된다
    print("STAGE_Y = ", STAGE_Y)  # 1이 표시된다
    print("STAGE_Z = ", STAGE_Z)  # 2이 표시된다
```

▶ 실행 결과

```
IDLE = 0
WALK = 1
JUMP = 2
STAGE_X = 0
STAGE_Y = 1
STAGE_Z = 2
```

배열 타입

게임을 작성하다 보면 많은 데이터를 다루기도 합니다. 예를 들어 대량의 아이템 정보를 저장하거나 캐릭터에 대화용 문장을 갖도록 하는 경우를 생각할 수 있습니다. 이럴 때 여러 개체를 하나로 모아서 저장할 수 있는 데이터 타입이 배열입니다.

그림 2-13과 같이 배열은 여러 저장 영역을 순서대로 나열한 구조를 갖습니다. 그리고 배열은 크기와 순서에 관한 정보도 갖고 있습니다. 그렇기 때문에 매우 많은 양의 데이터라 하더라도 저장했을 때와 같은 순서로 꺼낼 수 있습니다.

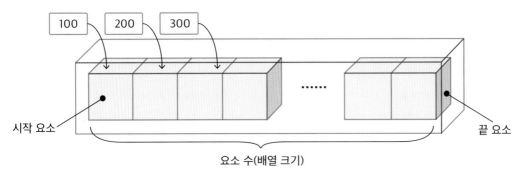

그림 2-13: 배열 구조

배열은 다음과 같이 작성합니다. 1번째 행에서 지정한 []은 각 요소 수가 0인 배열을 나타냅니다.

```
var 변수_이름 = []
var 변수_이름:Array = []
```

위 예시에서는 Array라는 타입을 지정하고 배열을 작성했습니다. Array 타입 배열은 '다른 데이터 타입의 값을 같은 배열 안에 저장할 수 있는' 것이 특징입니다. 하지만 개발자가 의도하지 않은 데이터 타입의 값이 뒤섞이면 버그의 원인이 됩니다. 그리고 다른 데이터 타입을 허용하면 같은 데이터 타입만 허용하는 배열보다 처리 효율이 낮아집니다.

이런 이유에서 고도에서는 표 2-2와 같이 단일 데이터 타입만 허용하는 배열도 제공합니다. 이 배열들에 다른 데이터 타입의 값을 포함시키려 하면 오류가 발생하므로 버그 발생을 미리 방지할 수 있습니다.

표 2-2: 단일 데이터 타입만 허용하는 배열 종류

타입	개요
PoolByteArray	바이트 타입(0~255의 정수) 데이터 배열
PoolIntArray	int 타입 데이터 배열
PoolRealArray	float 타입 데이터 배열
PoolStringArray	문자열 타입 데이터 배열

PoolVector2Array	Vector2 타입 데이터 배열
PoolVector3Array	Vector3 타입 데이터 배열
PoolColorArray	Color 타입 데이터 배열

배열 안의 요소를 조작하기 위해 고도에서는 다음과 같은 메서드를 정의하고 있습니다. 이들을 사용해 배열에 대해 요소 추가, 삭제, 변경을 할 수 있습니다.

표 2-3: 배열 타입에서 제공하는 주요 메서드

메서드	메서드 설명
append	배열 끝에 요소를 추가한다.
append_array	배열 끝에 배열을 추가한다.
empty	배열이 비어 있는지 확인한다.
insert	임의의 위치에 요소를 삽입한다.
reverse	요소의 순서를 뒤집는다.
push_back	배열 끝에 같은 타입의 배열을 추가한다.
remove	요소를 삭제한다.
resize	배열 크기를 변경한다. 크기를 줄이면 뒤쪽 요소가 삭제되고, 크기를 늘리면 무작위 값이 삽입된다.
set	요소를 변경한다.
size	배열 크기를 취득한다.

스크립트 2-5에서는 배열을 작성하고 조작합니다. 요소의 순서를 지정해 데이터를 취득할 수 있습니다. 맨 처음 요소가 0번째라는 점에 주의합니다.

스크립트 2-5: 배열 작성과 사용 예

```
extends Node2D


# _ready()는 프로그램 실행 시 1번만 실행된다
func _ready():
    # 배열 타입 변수 작성
```

```
var array_var : Array = []

print("요소 추가 전: ", array_var)
array_var.append(1)  # int 타입 요소 추가
array_var.append(5.3)  # float 타입 요소 추가
array_var.append(true)  # bool 타입 요소 추가
array_var.append("Apple")  # String 타입 요소 추가
print("요소 추가 전: ", array_var)

array_var.reverse()
print("요소 반전: ", array_var)

array_var.append_array([2, "Orange"])
print("배열 뒤에 배열 추가: ", array_var)
```

▶ 실행 결과

```
요소 추가 전: []
요소 추가 전: [1, 5.3, True, "Apple"]
요소 반전: ["Apple", True, 5.3, 1]
배열 뒤에 배열 추가: ["Apple", True, 5.3, 1, 2, Orange]
```

딕셔너리 타입

배열은 값만을 나열하는 데이터 구조입니다. '딕셔너리 타입' 데이터 타입에서는 데이터를 특정하기 위한 '키' 및 키에 연결된 '값'을 사용해 데이터를 저장합니다. 그림 2-14는 딕셔너리 데이터 구조를 나타냅니다. 배열과 달리 딕셔너리에는 순서의 개념이 없습니다.

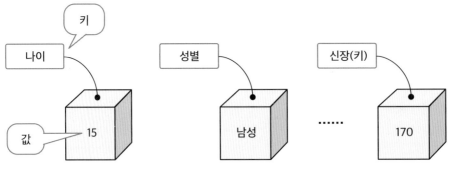

그림 2-14: 딕셔너리 구조

딕셔너리 타입 변수와 값은 다음과 같이 구성됩니다. 키에는 문자열만 사용할 수 있고 값은 임의의 타입의 데이터를 저장할 수 있습니다. 그리고 하나의 사전 안에서 값 데이터 타입이 달라도 됩니다. 키 값은 중복될 수 없습니다.

```
var 변수_이름 = {키_1:값_1, 키_2:값_2, ...}
```

딕셔너리 타입 데이터를 다루기 위해 고도에서는 표 2-4와 같은 메서드를 제공합니다. 이들을 사용해 데이터를 추가, 삭제, 변경할 수 있습니다.

표 2-4: 딕셔너리 타입에서 제공하는 주요 메서드

메서드 이름	메서드 설명
empty	딕셔너리가 비었는지 확인한다.
erase	지정한 키의 데이터를 삭제한다.
get	지정한 키에 대응하는 값을 취득한다.
has	지정한 키가 존재하는지 확인한다.
has_all	키의 배열을 지정하고 해당 키들이 모두 포함되어 있는지 확인한다.
hash	딕셔너리의 해시 값을 취득한다.
keys	모든 키를 배열로 취득한다.
size	딕셔너리 크기(키의 수)를 취득한다.
values	모든 값을 배열로 취득한다.

스크립트 2-6에서는 딕셔너리 타입 데이터를 작성하고 그 요소를 조작합니다.

스크립트 2-6: 딕셔너리 작성과 사용 예

```
extends Node2D

# _ready()는 프로그램 실행 시 1번만 실행된다
func _ready():

    # 딕셔너리 타입 변수 작성
    var dict_var : Dictionary = {}
```

```
# 딕셔너리에 요소 추가
dict_var["나이"] = 20
dict_var["성별"] = "남"
dict_var["키"] = 168.3

print("딕셔너리 타입 변수: ", dict_var)
print("나이: ", dict_var.get("나이"))

dict_var.erase("나이")
print("나이 요소를 삭제: ", dict_var)
```

▶ 실행 결과

```
딕셔너리 타입 변수: {"나이": 20, "성별": "남", "키":168.3}
나이:  20
나이 요소를 삭제: {"성별": "남", "키":168.3}
```

2.2.3 연산

플레이어의 체력이나 공격력, 제한 시간, 레벨 등 게임을 제어하려면 숫자 값이나 문자 등 다양한 데이터에 대한 연산을 처리해야 합니다. GDScript에서는 다음과 같은 연산자를 정의하고 있습니다. 연산자는 크게 산술 연산자, 비트 연산자, 논리 연산자, 비교 연산자, 기타 연산자로 나눌 수 있습니다.

표 2-5: 연산자 목록

	연산자	설명	사용 예
산술 연산	+,-	양수, 음수	+x, -x
	*, /, %	곱셈, 나눗셈, 나머지	x*y, x/y, x%y
	+, -	덧셈, 뺄셈	x+y, x-y
비트 연산	~	비트 반전	~x
	<<, >>	시프트 연산	x<<2, x>>2
	&	비트 AND	x&3
	^	비트 XOR	x^3
	|	비트 OR	x|3

논리 연산	not, !	논리 연산 NOT	`!(x > 10)`
	and, &&	논리 연산 AND	`(x > 10) && (x < 20)`
	or, \¦\¦	논리 연산 OR	`(x > 20) \¦\¦ (x < 10)`
비교 연산	==	좌변과 우변이 같다	`x == 1`
	!=	좌변과 우변이 같지 않다	`x != 2`
	>	우변은 좌변보다 작다	`x > 5`
	>=	우변은 좌변보다 작거나 같다	`x >= 5`
	<	우변은 좌변보다 크다	`x < 5`
	<=	우변은 좌변보다 크거나 같다	`x <= 5`
기타 연산	in	포함	`x in [1, 2, 3]`
	is	동일성	`x is String`

산술 연산은 양/음의 반전이나 사칙 연산을 수행합니다. 나머지 연산은 나눗셈의 나머지를 구하는 계산입니다. 비트 연산은 2진수(숫자 값을 1과 0만으로 표현하는 형식)의 계산입니다. 비트 연산은 이 책에서 다루는 수준을 넘기 때문에 다루지 않습니다.

논리 연산은 논리 값(true/false)을 다루는 연산입니다. 그림 2-15는 논리 연산이 언제 true가 되는지 나타냅니다. 대각선으로 나타낸 영역이 각 논리 연산에 의해 true가 되는 영역입니다. 비교 연산에서는 숫자 값의 크기 관계를 확인합니다. 그리고 기타 연산에서는 요소가 배열이나 딕셔너리에 포함되어 있는지 등을 확인할 수 있습니다.

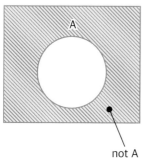
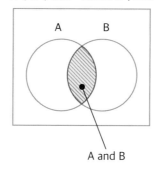
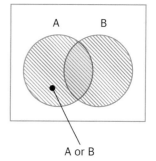

그림 2-15: 논리 연산

2.2.4 처리 제어

게임 개발에서는 상황에 따라 처리를 바꾸거나 같은 처리를 반복하는 제어가 필요합니다 GDScript에서는 여러 제어 구문을 제공합니다. 제어 구문은 크게 '조건 분기'와 '반복'의 두 가지가 있습니다.

조건 분기 구문은 플레이어와 적과의 거리에 반응해 처리 내용을 바꾸거나 특정 객체와의 접촉에 반응하고 싶을 때 등에 사용할 수 있습니다. GDScript에서는 조건 분기 구문으로 if문과 match 문을 제공합니다.

반복 구문은 특정 버튼이 눌려 있는 동안 공격을 계속하고 싶을 때 등에 사용할 수 있습니다. 반복 구문으로는 while문과 for문을 제공합니다.

다음은 각 구문에 관해 설명합니다.

조건 분기 if문

if문에서는 if, elif, else의 3가지 키워드를 사용합니다. elif는 else if의 축약형입니다. if 문은 다음과 같이 기술합니다. 조건식은 x==1이나 x>10과 같이 true 또는 false로 평가할 수 있는 식이며 이 조건식들이 true일 때 내부 처리가 실행됩니다. 단 GDScript에서는 0은 true, 0 이외의 숫자는 false로 다룹니다. 그리고 문자열도 true로 다루는 점에 주의해야 합니다. 그리고 if문에서는 elif나 else는 반드시 기술하지 않아도 됩니다. elif는 여러 차례 반복해서 기술할 수 있습니다.

```
if [조건식]:
    처리
elif [조건식]:
    처리
    :
(elif는 반복해서 기술할 수 있다)
    :
else:
    처리
```

그림 2-16은 if, elif, else를 사용한 조건 분기의 흐름을 나타냅니다. 조건식 A 또는 조건식 B 의 평가 결과에 따라 처리 A~처리 C가 실행됩니다. 그림 2-16에 나타낸 것처럼 조건식의 평가는 A→B 순으로 기술한 순서를 따라 수행됩니다.

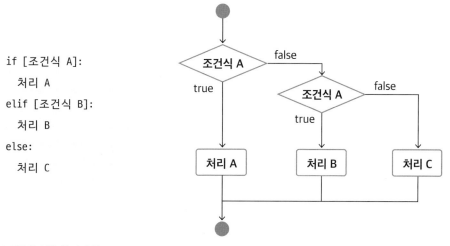

```
if [조건식 A]:
    처리 A
elif [조건식 B]:
    처리 B
else:
    처리 C
```

그림 2-16: if문에 의한 처리 흐름

스크립트 2-7에 if문을 사용한 조건 분기 구현 예를 나타냈습니다. 이 예에서는 number라는 이름의 변수 값에 따라 출력이 달라집니다.

스크립트 2-7: 조건 분기 if/else/else 사용 예

```
extends Node2D


# _ready()는 프로그램 실행 시 1번만 실행된다
func _ready():
    var number:int = 15
    print("number = ", number)

    if number <= 10:
        print("number는 10 이하인 숫자입니다.")
    elif number <= 20:
        print("number는 10 초과 20 이하인 숫자입니다.")
    elif number <= 30:
        print("number는 20 초과 30 이하인 숫자입니다.")
    else:
        print("number는 30 초과인 숫자입니다.")
```

```
number = 15
number는 10 초과 20 이하인 숫자입니다.
```

조건 분기 match문

match문은 if문과 마찬가지로 조건에 따라 처리를 분기할 수 있습니다. if문에서는 true 또는 false 값이 되는 조건식에 따라 처리를 분기하지만 match문에서는 값 자체를 지정해서 처리를 분기할 수 있습니다. match문으로 구현할 수 있다면 기본적으로 if문으로도 구현할 수 있습니다. 스크립트의 가독성이나 이해도를 고려해 if문과 match문을 나누어서 사용합니다.

```
match [조건식]:
    일치_패턴:
        처리
    일치_패턴:
        처리
    ...
    일치 패턴:
        처리
```

match문을 사용한 처리의 흐름은 다음과 같습니다. 패턴 A에 일치하면 처리 A, 패턴 B에 일치하면 처리 B, 언더스코어(_)는 어떤 패턴에도 일치하지 않을 때 실행됩니다.

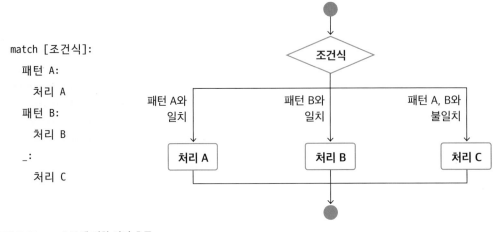

```
match [조건식]:
    패턴 A:
        처리 A
    패턴 B:
        처리 B
    _:
        처리 C
```

그림 2-17: match문에 의한 처리 흐름

스크립트 2-8에 match문의 사용 예를 나타냈습니다. 이 예에서는 문자열 타입의 변수 fruits의 값에 따라 출력이 달라집니다.

스크립트 2-8: 조건 분기 match 구현 예

```
extends Node2D


# _ready()는 프로그램 실행 시 1번만 실행된다
func _ready():
    var fruits:String = "Apple"
    print("fruits = ", fruits)

    match fruits:
        "Apple":
        print(fruits, "(은)는 사과입니다.")
        "Orange":
        print(fruits, "(은)는 오렌지입니다")
        _:
        print(fruits, "(은)는 사과도 오렌지도 아닙니다.")
```

▶ 실행 결과

```
fruits = Apple
Apple(은)는 사과입니다.
```

반복 while문

while문에서는 특정한 조건을 만족하는 동안 같은 처리를 반복 실행합니다. while문은 다음과 같이 기술합니다. 조건식은 true 또는 false로 평가되는 식입니다. 조건식이 true인 동안 처리를 반복하고 조건식이 false가 되면 처리를 종료합니다.

```
while [조건식]:
    처리
```

while문에 의한 처리 흐름은 그림 2-18과 같습니다. 조건식이 false가 될 때까지 처리 A를 반복 실행합니다.

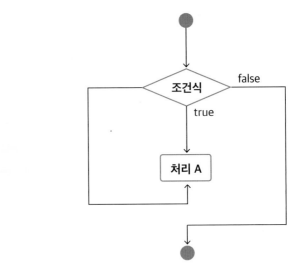

```
while [조건식]:
    처리 A
```

그림 2-18: while문에 의한 처리 흐름

다음은 while문을 사용한 반복 처리 구현 예입니다. 이 예에서는 1부터 10까지의 정수 값의 합을 구합니다.

스크립트 2-9: 반복 while문 구현 예

```
extends Node2D


# _ready()는 프로그램 실행 시 1번만 실행된다
func _ready():
  var i:int = 1
  var sum:int = 0

  while i <= 10:
    sum = sum + i
    i = i + 1

  print("1~10의 합 = ", sum)
```

```
1~10의 합 = 55
```

반복 처리 도중 상황에 따라 처리를 건너 뛰거나 중단하고 싶을 때가 있습니다. 그런 때는 break 또는 continue라는 키워드를 사용합니다.

다음은 while문에 의한 반복 처리를 수행하는 중 count 변수 값이 5가 됐을 때 break에 의해 처리를 중단하고 while문을 종료합니다. continue를 사용했을 때도 작성 방식은 같지만, continue의 경우 그 이후의 처리를 건너 뛰고 while문의 맨 처음까지 돌아와서 반복 처리를 계속합니다.

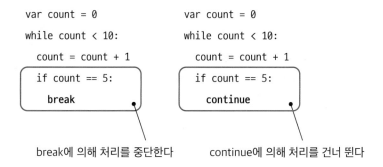

반복 for문

while문과 마찬가지로 for문을 사용해 반복 처리를 구현할 수 있습니다. for문은 다음과 같이 기술합니다. while문과의 차이는 조건식에 배열 등을 지정해, 배열에 포함된 각 요소에 대해 반복 처리를 수행한다는 점입니다.

```
for [조건식]:
    처리
```

다음은 for문을 사용한 반복 처리 구현 예입니다. 조건식에는 배열 요소에 대해 반복 처리를 수행하도록 기술합니다 그리고 특정 조건에서 처리를 중단하고 싶을 때나 건너 뛰고 싶을 때는 while문과 마찬가지로 break 또는 continue를 사용합니다.

스크립트 2-10: 반복 for 구현 예

```
extends Node2D


# _ready()는 프로그램 실행 시 1번만 실행된다
func _ready():
    var fruits:Array = ["Apple", "Orange", "Banana"]

    for f in fruits:
        print("과일: ", f)
```

▶ 실행 결과

```
과일: Apple
과일: Orange
과일: Banana
```

2.2.5 함수

게임에 다양한 기능을 추가함에 따라 프로그램의 행 수는 수백, 수천 행으로 늘어납니다. 이로 인해 가독성이 낮아지고, 버그를 찾아내는 디버그 작업이 어려워집니다. 그래서 GDScript에서는 프로그램을 기능별로 분할할 수 있는 구조를 제공합니다. 이 기능은 '함수' 또는 '메서드'라 불립니다. 함수를 사용해 일련의 처리를 메인 프로그램으로부터 분리하면 프로그램 가독성을 높아지고 디버그나 테스트가 쉬워집니다.

함수는 다음과 같이 기술합니다. func는 function(함수)을 나타냅니다. 함수는 '인수'와 '반환 값'을 갖습니다. 인수는 함수를 실행하기 위해 필요한 매개변수를 나타냅니다. 함수에 의한 처리 결과는 반환 값으로 받을 수 있습니다.

```
func 함수_이름(인수_1, 인수_2, ...):
    처리
    return 반환_값
```

함수를 호출하는 측은 다음과 같이 기술합니다. 여기에서는 함수의 반환 값을 변수에 대입했습니다. 반환 값은 그대로 다른 함수의 인수로 사용할 수도 있습니다.

```
var 변수_이름 = 함수_이름(인수_1, 인수_2, ...)
```

다음 예에서는 덧셈과 곱셈을 수행하는 처리를 함수로 만들어 메인 처리에서 분리했습니다. 이 예는 매우 간단한 것으로 함수의 편리함을 실감할 수는 없지만, 프로그램 규모가 커질수록 함수를 사용한 기능의 분리가 중요하게 됩니다.

스크립트 2-11: 배열 작성과 사용

```
extends Node2D


# 덧셈을 수행하는 함수
func add(x, y):
    return x+y


# 곱셈을 수행하는 함수
func multiply(x, y):
    return x*y


# _ready()는 프로그램 실행 시 1번만 실행된다
func _ready():
    # 함수를 사용해 계산을 수행한다
    print("2 + 3 = ", add(2,3))
    print("2 × 3 = ", multiply(2,3))
```

▶ 실행 결과

```
2 + 3 = 5
2 × 3 = 6
```

2.2.6 클래스

게임 제작에는 캐릭터나 아이템, 스테이지의 장애물, 효과음 등 다양한 객체가 존재합니다. 이 객체들을 모두 하나의 프로그램에서 제어하는 것은 매우 어렵습니다. 캐릭터에는 캐릭터의 기능만, 아이템에는 아이템의 기능만 구현한 프로그램으로 제어하는 편이 자연스럽습니다.

이렇게 각 객체에 꼭 필요한 기능이나 정보만 저장하도록 하는 방식을 '객체 지향'이라 부릅니다. 그리고 객체 지향 방식으로 프로그래밍하는 것을 '객체 지향 프로그래밍'이라 부르며, '클래스'라 부르는 구조를 사용해 이를 구현합니다.

다음 그림과 같이 클래스는 프로그램의 템플릿과 같은 것이라 이해할 수 있습니다. 그림의 예에서는 이름과 나이를 저장하기 위한 변수를 가진 클래스를 작성합니다. 이 클래스(=템플릿)을 복사하고, 각 사본에 필요한 정보를 설정하면 하나의 클래스에서 여러 객체를 만들 수 있습니다. 이렇게 클래스를 기반으로 만들어진 구체적인 개별 객체를 인스턴스Instance라 부르며 클래스로부터 인스턴스를 만드는 것을 '인스턴스화Instantiation한다'고 부릅니다.

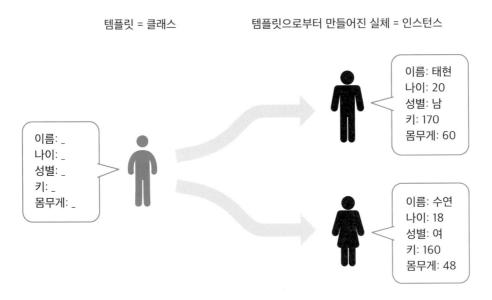

그림 2-19: 클래스와 인스턴스화의 이미지

고도에서는 씬 탭의 '노드 추가' 버튼을 사용해서 새 노트를 만들 수 있습니다. 이 '노드 작성'이 바로 인스턴스를 작성하는 것입니다. 이때는 마우스 조작을 통해 인스턴스를 만들지만 프로그램으로부터 인스턴스를 만들 수도 있습니다.

SECTION

2.3 주요 게임 요소

2.3.1 물리 특성

게임 안에는 객제 이동과 회전, 객체 사이의 충돌 등 다양한 움직임이 존재합니다. 이 움직임을 모두 사람이 직접 프로그램에 기술하는 것은 매우 어렵기 때문에 고도에서는 그런 동작을 자동으로 시뮬레이션 하는 기능을 제공합니다. 고도뿐 아니라 일반적인 게임 엔진에서는 물리 기능을 제공합니다.

물리적인 움직임을 시뮬레이션 할 때는 다음 표의 노드를 사용합니다. 이 노드들을 게임 안의 캐릭터 등에 추가해서 물리적인 특성을 갖도록 할 수 있습니다.

표 2-6: 물리 노드

노드 이름	설명	용도 예
RigidBody3D RigidBody2D	물리적인 특성을 가지며 물리 법칙에 따라 움직인다. 예를 들어 중력에 의한 낙하와 바운드, 마찰 저항 등의 현상을 시뮬레이션 할 수 있다.	게임 안의 장애물, 캐릭터의 공격
CharacterBody3D, CharacterBody2D	물리 법칙에 따른 동작을 보이지만 사용자가 조작할 수 있다.	플레이어 등의 동작
StaticBody3D, StaticBody2D	물리적인 특성을 가지지만 게임 안에서는 정지해 있다.	게임 안의 장애물, 게임 스테이지 (지면, 벽면, 계단 등)
Area3D, Area2D	특정 영역에서 물체의 물리적 특성을 변경한다.	게임 안의 장애물

RigidBody는 그림 2-20과 같이 질량을 갖고 회전하거나 공기 저항을 받는 등의 움직임을 시뮬레이션 할 수 있습니다. RigidBody에 대해 중력을 활성화하거나 외부로부터 힘을 추가하면 고도가 객체의 물리적인 동작을 시뮬레이션 합니다. 그리고 PhysicsMaterial을 설정하면 바운드 등의 특성을 추가할 수 있습니다. 3D 게임 안에서는 RigidBody3D, 2D 게임 안에서는 RigidBody2D를 사용합니다.

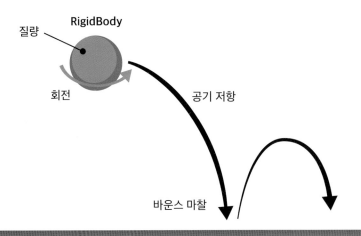

그림 2-20: RigidBody 노드

CharacterBody는 다른 객체와의 충돌 등을 감지할 수 있지만 중력이나 마찰, 공기 저항 등의 영향을 받지 않는 객체입니다. 그렇기 때문에 스크립트 안에 CharacterBody를 움직이는 처리를 구현해야 합니다. CharacterBody는 게임 안의 캐릭터 등에 사용합니다. 3D 게임 안에서는 CharacterBody3D, 2D 게임 안에서는 CharacterBody2D를 사용합니다.

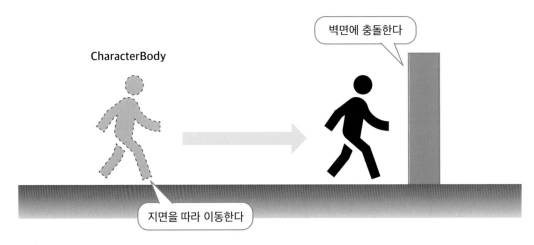

그림 2-21: CharacterBody 노드

StaticBody는 게임 안에서 정지하고 있는 객체에 사용합니다. StaticBody는 다른 객체와의 충돌을 감지하거나 PhysicsMaterial을 설정해 바운드 할 수 있습니다. 이 객체는 정지해 있다는 점에서 RigidBody와 다릅니다. 그렇기 때문에 StaticBody에는 중력이나 외부로부터의 힘, 저항 등을 설정할 수 없습니다. 게임 안에서 정지하고 있는 객체에 대해서는 RigidBody가 아니라 StaticBody를 사용하면 간편하게 처리할 수 있습니다. 3D 게임 안에서는 StaticBody3D, 2D 게임 안에서는 StaticBody2D를 사용합니다.

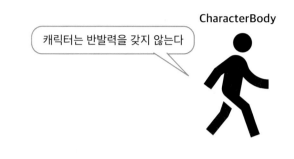

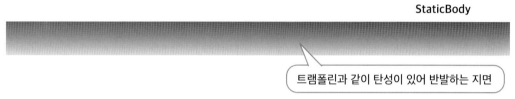

그림 2-22: StaticBody 노드

Area는 특정 영역에 대해 물리적 특성을 변경할 수 있습니다. 예를 들어 그림 2-23과 같이 Area 로 설정한 범위에 들어왔을 때는 중력을 2배로 만들어 점프력을 약하게 하거나 공기 저항을 2배 로 만들어 캐릭터의 이동 속도를 느리게 만들 수 있습니다. 3D 게임 안에서는 Area3D, 2D 게임 안에서는 Area2D를 사용합니다.

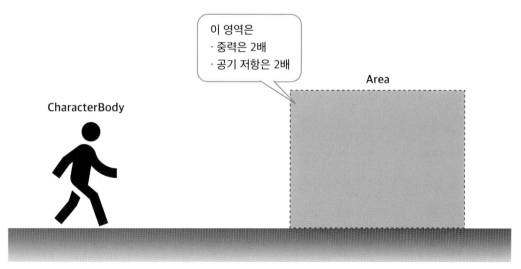

그림 2-23: Area 노드

2.3.2 오디오

BGM이나 효과음 같은 오디오는 게임을 연출하는 중요한 요소의 하나입니다. 고도에서는 표 2-7
의 음성 파일을 사용할 수 있습니다. m4a 등의 확장자를 가지 음성 파일은 프로젝트에 임포트 할
수 없으므로 표에 나타낸 확장자로 변환한 뒤 임포트 해야 합니다.

표 2-7: 대응하는 음성 파일 포맷

포맷	확장자
WAV 24비트, 96kHz, 스테레오	.wav
WAV 16비트, 44kHz, 모노	.wav
WAV 16비트, IMA-ADPCM, 모노	.wav
MP3 192Kb/s, 스테레오	.mp3
OGG 128Kb/s, 스테레오	.ogg
OGG Vorbis, 96Kb/s, 스테레오	.ogg

그림 2-24는 고도에서 오디오를 다룰 때 알아둬야 할 항목입니다. 다양한 음성은 '오디오 스트림'
이라는 노드에 의해 재생됩니다. 재생되는 소리는 '오디오 버스'를 사용해 가공해서 음성을 증폭
하거나 효과를 추가할 수 있습니다.

최종적으로 게임 안에서 소리를 받는 마이크와 같은 동작을 하는 것이 '리스너'입니다. PC나 스마
트폰의 스피커로부터 재생되는 소리는 이 리스트가 받은 소리입니다. 보통 리스너의 위치는 카메
라와 같은 위치에 설정되지만 Listener 노드를 사용해 임의의 위치에 배치할 수 있습니다.

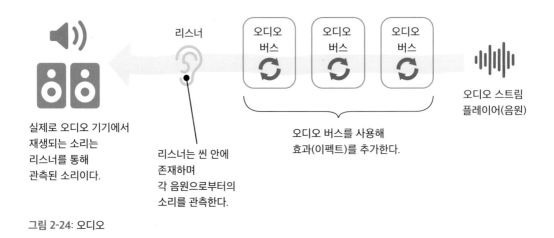

실제로 오디오 기기에서
재생되는 소리는
리스너를 통해
관측된 소리이다.

리스너는 씬 안에
존재하며
각 음원으로부터의
소리를 관측한다.

오디오 버스를 사용해
효과(이펙트)를 추가한다.

그림 2-24: 오디오

2.3.3 애니메이션

게임 안에서는 플레이어를 비롯해 다양한 애니메이션을 사용합니다. 스테이지 안에서 반복적으로 왕복하는 물체나 회전하는 물체도 애니메이션을 사용해 구현합니다. 표 2-8은 고도에서 사용할 수 있는 애니메이션 관련 노드입니다.

표 2-8: 애니메이션에서 사용하는 노드

노드 이름	설명
AnimatedSprite2D, AnimatedSprite3D	2D 이미지를 연속으로 보내 만화 같은 애니메이션을 재생한다. AnimatedSprite3D는 2D 애니메이션을 3D 공간에서 재생할 수 있다.
AnimationPlayer	애니메이션 정보가 등록된 3D 객체
AnimationTree	AnimationPlayer에 등록되어 있는 애니메이션의 전환에 관한 설정을 수행한다.

그림 2-25는 AnimationPlayer 사용 예입니다. AnimationPlayer에서는 노드 위치나 회전 각도 등의 속성 값을 시간에 따라 변화시킬 수 있습니다. 그리고 속성 값뿐 아니라 함수 호출이나 오디오 재생, 애니메이션 재생도 시간에 따라 수행할 수 있습니다.

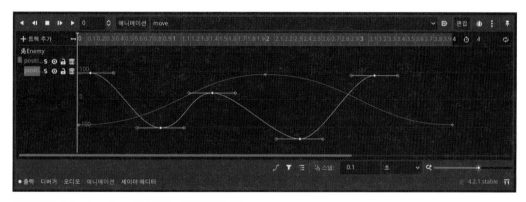

그림 2-25: AnimationPlayer를 사용한 애니메이션 설정

그림 2-26은 AnimationTree 설정 예입니다. AnimationTree에서는 다른 애니메이션들을 부드럽게 변환할 수 있습니다. 이를 사용해 캐릭터의 움직임을 자연스럽게 보이게 할 수 있습니다.

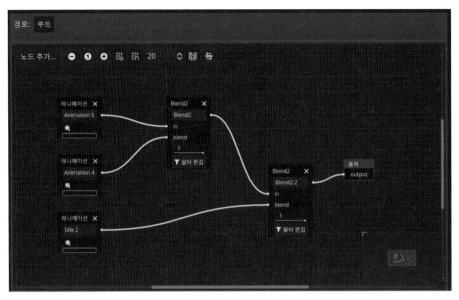

그림 2-26: AnimationTree를 사용한 애니메이션 템플릿

2.3.4 UI

체력 게이지, 버튼, 메뉴 바 등 게임과 사용자의 접점이 되는 요소를 UI^User Interface라 부릅니다. 고도에서는 UI를 제어하기 위한 다양한 노드를 제공합니다. 그림 2-27은 고도에서 사용할 수 있는 UI 요소의 예입니다.

그림 2-27: 고도의 GUI 요소

03

2D 액션 게임 제작

게임 구성 구상

3.1.1 게임 캐릭터와 규칙을 결정한다

3장에서는 2D 액션 게임을 제작하면서 고도를 사용한 게임 제작을 학습합니다. 작성할 액션 게임은 PC에서의 실행을 가정합니다. 그림 3-1이 게임 완성 이미지입니다. 스테이지에서 캐릭터를 조작하고 적 캐릭터를 쓰러뜨리면서 골 표시까지 이동합니다.

그림 3-1: 완성된 게임 이미지

제작에 들어가기 전에 캐릭터와 게임 규칙을 결정합니다. 여기에서는 표 3-1과 같이 정했습니다.

표 3-1: 게임의 캐릭터와 규칙

캐릭터	적용된 규칙
플레이어	① 방향키를 누르면 좌우로 움직이며 점프도 할 수 있다. ② 스페이스바를 누르면 적을 공격한다. ③ 적과 접촉하면 플레이어의 HP가 줄어든다. ④ HP가 0이 되면 게임 오버가 된다.
적	① 적 캐릭터는 자동으로 좌우로 왕복한다. ② 플레이어와 접촉하면 플레이어의 HP가 줄어든다. ③ 플레이어의 공격을 받으면 자신의 HP가 줄어든다. ④ 자신의 HP가 0이 되면 게임에서 사라진다.
HP 회복 아이템	① 플레이어의 HP를 회복시킨다.
골 표시	① 플레이어가 이 표시에 도착하면 게임 클리어가 된다.

3.1.2 필요한 기능과 제작 순서를 구체화한다

캐릭터와 규칙을 결정했습니다. 이제 게임 제작 순서를 생각합니다. 이 책에서는 그림 3-2와 같은 순서로 2D 액션 게임 제작을 진행합니다.

그림 3-2의 순서는 각 제작 단계에서 동작을 확인할 수 있도록 '필요한 것을 우선 제작하는' 순서로 되어 있습니다.

예를 들어 플레이어를 움직이려면 지면이 필요하므로 플레이어보다 스테이지를 먼저 작성합니다. 그리고 플레이어의 공격보다 적을 먼저 만들고, 플레이어의 공격으로 적을 쓰러뜨리는 동작을 확인할 수 있도록 했습니다. 게임 연출 효과를 높이기 위한 효과음이나 UI 요소 제작은 가장 마지막 단계에서 실시합니다.

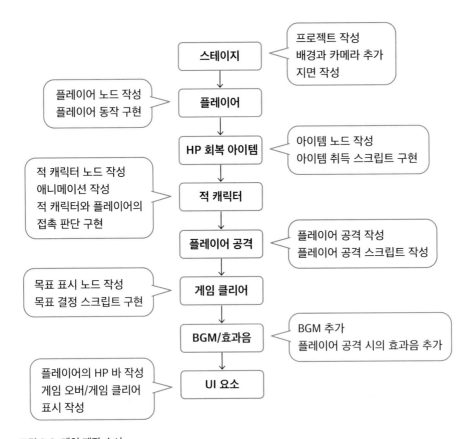

스테이지 ← 프로젝트 작성
배경과 카메라 추가
지면 작성

플레이어 노드 작성
플레이어 동작 구현 → 플레이어

HP 회복 아이템 ← 아이템 노드 작성
아이템 취득 스크립트 구현

적 캐릭터 노드 작성
애니메이션 작성
적 캐릭터와 플레이어의
접촉 판단 구현 → 적 캐릭터

플레이어 공격 ← 플레이어 공격 작성
플레이어 공격 스크립트 작성

목표 표시 노드 작성
목표 결정 스크립트 구현 → 게임 클리어

BGM/효과음 ← BGM 추가
플레이어 공격 시의 효과음 추가

플레이어의 HP 바 작성
게임 오버/게임 클리어
표시 작성 → UI 요소

그림 3-2: 게임 제작 순서

2D 게임 공간을 작성한다

3.2.1 새 프로젝트를 만든다

실제 작업을 시작합니다. 먼저 2D 액션 게임을 위한 새 프로젝트를 작성합니다. 이 책에서는
'Action2D'라는 이름으로 프로젝트를 작성합니다.

프로젝트를 작성해서 연 뒤 씬 탭에서 '2D 씬'을 선택합니다. 그림 3-3과 같이 'Node2D'라는 이
름의 루트 노드가 작성됩니다. 이것으로 2D 액션 게임을 제작하기 위한 2D 공간을 만들었습니다.

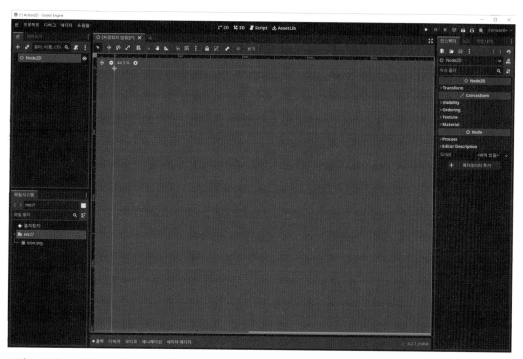

그림 3-3: 새 프로젝트를 작성하고 작성하고 루트 노드를 Node2D로 선택한 에디터 화면

여기에서 2D 게임 공간의 좌표계는 그림 3-4와 같습니다. 에디터의 오른쪽을 향해 x축, 아래를 향해 y축이 뻗어 나갑니다. 그림 3-3에서 빨간색 가로선과 녹색 세로선이 교차하는 점이 씬의 원점 위치(x: 0, y: 0)입니다.

2D 게임 공간이므로 z축은 없지만 게임 요소간 앞뒤 관계를 조정하기 위해 'Z Index'를 제공합니다. 화면 안쪽에서 앞쪽을 향해 z축 방향이 결정되어 있으며 앞쪽에 가까울수록 Z Index가 커집니다. 따라서 Z Index 값이 클수록 해당 노드는 다른 노드보다 앞쪽에 표시됩니다.

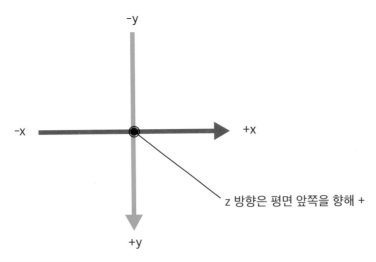

그림 3-4: 2D 게임 공간의 좌표계

계속해서 화면과 소리 등의 에셋Asset(게임 소재)을 프로젝트에 추가합니다. 샘플 소재인 'assets → images' 폴더와 'assets → sounds' 폴더를 에디터의 파일시스템 탭으로 드래그 앤 드롭합니다. 그러면 그림 3-5와 같이 프로젝트에 에셋이 추가됩니다.

그림 3-5: 에셋을 프로젝트에 추가한다

고도에서는 프로젝트에서 사용할 수 있는 리소스를 파일 경로로 지정할 수 있습니다. 예를 들어 앞에서 추가한 에셋 안에 있는 player.png 이미지는 res://images/player.png가 됩니다. 이후 설명에서는 사용하는 에셋을 경로 형식으로 표기합니다.

3.2.2 씬에 배경과 카메라를 추가한다

2D 게임 공간을 만들었으므로 배경을 설정합니다. res://images/background.png가 배경용 에셋입니다. 파일시스템 탭에서 background.png를 선택하고 뷰포트에 드래그 앤 드롭해서 배경 이미지를 추가합니다. 그림 3-6은 배경을 추가한 후의 에디터 화면입니다.

배경 이미지를 추가하면 씬에 'Background'라는 이름의 노드가 작성되는 것을 알 수 있습니다. 이 노드는 Sprite 타입의 노드입니다. Sprite 타입 노드는 게임 안에 이미지를 표시할 때 일반적으로 사용되는 노드입니다. 어디까지나 이미지를 표시하는 것뿐이며 다른 노드와의 충돌 감지 등의 기능은 제공하지 않습니다.

드래그 앤 드롭으로 배경을 추가하면 배경의 중심점과 게임 씬의 원점이 일치하지 않습니다. 이를 일치시키기 위해 씬에서 Background 노드를 선택한 뒤 인스펙터를 엽니다. 인스펙터 안의 'Transform → Position' 항목에 (x: 0, y: 0)을 설정하면 배경의 중심과 씬의 원점이 일치하게 됩니다. 그리고 'Transform → Scale' 항목에서 배경의 크기를 조정합니다. 여기에서는 (x: 0.65, y: 0.65)로 설정합니다. 그림 3-6의 에디터 화면은 이 설정을 마친 상태를 나타냅니다.

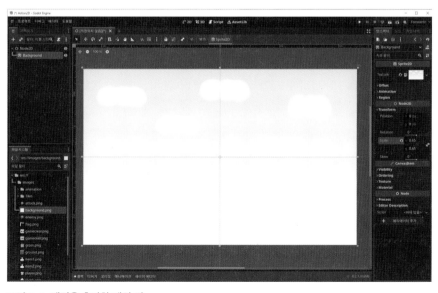

그림 3-6: 배경을 추가한 게임 씬

다음으로 씬에 카메라를 추가합니다. 씬의 '+' 버튼으로 'Camera2D' 노드를 선택해서 작성합니다. 그림 3-7과 같이 'Camera2D' 노드가 씬에 추가되고 사각형 프레임이 표시됩니다. 이 프레임은 게임 실행 시 화면에 그려지는 범위를 나타냅니다. 이미 배경의 크기를 조정했으므로 배경의 크기와 카메라의 범위가 거의 같은 정도일 것입니다.

작성한 카메라는 기본적으로 활성화되어 있습니다. 카메라를 비활성화하려면 Camera2D 노드의 인스펙터에서 'Enabled' 항목의 체크를 해제합니다.

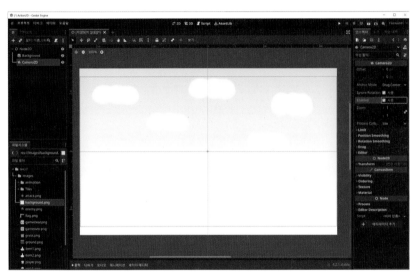

그림 3-7: Camera2D를 게임에 추가한다

여기까지 설정을 완료했다면 씬을 저장합니다. 메인 메뉴에서 '씬 → 씬을 다른 이름으로 저장'을 선택하고 main.tscn이라는 이름으로 저장합니다.

씬을 저장했다면 플레이 버튼(▶)을 클릭해 게임을 실행해 봅니다. 처음으로 게임을 실행하면 메인이 되는 씬을 선택하라는 팝업이 표시됩니다. 저장한 main.tscn을 선택합니다. 게임 실행 화면에 배경이 표시되는 것을 확인할 수 있습니다.

3.2.3 TileMap으로 지면을 만든다

액션 게임 안에서 플레이어를 움직이기 위해서는 지면이 필요합니다. 고도에서는 2D 게임에서 간단하게 지면이나 장애물 등을 작성할 수 있는 TileMap 타입의 노드를 제공합니다. 이것을 사용하면 타일을 붙이듯 스테이지를 작성할 수 있습니다.

먼저 씬 탭의 '+' 버튼으로 'TileMap' 노드를 추가합니다. 추가한 TileMap을 선택하고 인스펙터를 열어 그림 3-8과 같이 Tile Set 항목에서 'V' 표시를 클릭하고 '새 TileSet'을 선택합니다. 이
제 TileSet 항목에 새로 'TileSet'이 설정됩니다. 여기에서 설정된 TileSet을 클릭해 타일셋 패널
을 엽니다.

그림 3-8: 새 TileSet 작성

그림 3-9는 타일셋 패널을 연 에디터 화면입니다. 기본 상태에서 타일셋 패널은 화면 중앙 아래에
위치합니다.

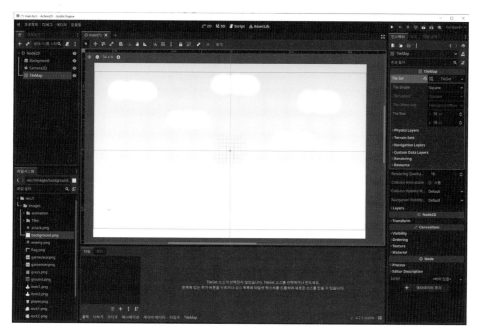

그림 3-9: 타일셋 패널을 표시한 에디터 화면

그림 3-9 상태에서는 타일셋에 타일이 한 장도 등록되어 있지 않습니다. 타일을 작성하기 위해
`res://images/Tiles` 폴더에 있는 지면 이미지를 모두 선택하고 타일셋 패널에 드래그 앤 드롭
해서 추가합니다. 그림 3-10은 지면 이미지를 타일셋에 추가한 에디터 화면입니다.

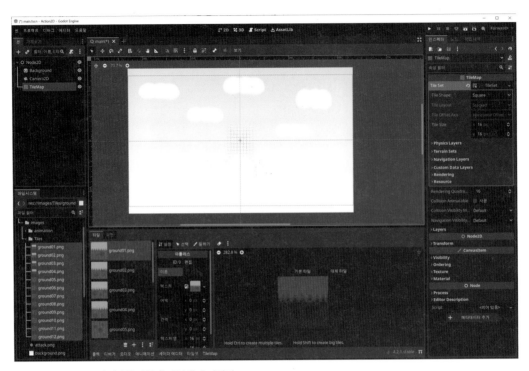

그림 3-10: ground 이미지를 타일셋 패널에 추가한다

추가한 타일은 씬 위에 배치할 수 있습니다. 그러나 배치하는 것만으로는 스테이지의 기능을 다하
지 못합니다. 이 타일들은 어디까지나 이미지이며 캐릭터가 그 위를 걷지 못하기 때문입니다.

타일을 배치해서 만든 스테이지 위로 캐릭터가 이동할 수 있게 하려면 타일에 충돌 판정을 위
한 콜리전Collision을 설정해야 합니다. 콜리전을 설정하려면 먼저 TileMap을 선택하고 그림 3-11
과 같이 인스펙터에서 'Physics Layers → + 요소 추가'를 선택합니다. 이후 표시된 내용에서
'Physics Material → 새 PhysicsMaterial'을 선택합니다.

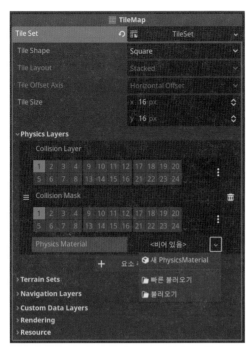

그림 3-11: Physics Material 설정

계속해서 각 타일에 콜리전을 설정합니다. 타일셋 패널 안에서 타일을 하나 선택하고 그림 3-12와 같이 '설정' 항목을 선택하고 타일로 사용할 칸을 선택합니다. 여기에서는 모든 칸을 선택했습니다.

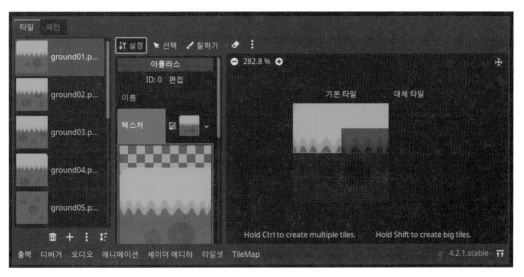

그림 3-12: 타일 설정

다음으로 '칠하기' 항목을 선택합니다. 그림 3-13과 같이 속성 편집기에서 '속성 편집기 선택 →
물리 레이어 0'을 선택합니다.

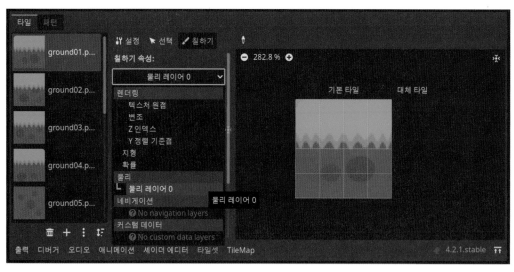

그림 3-13: 이벤트 설정에서 물리 레이어를 선택

계속해서 그림 3-14와 같이 타일셋 패널 화면 위에 콜리전을 적용할 영역을 선택해서 지정합니다.

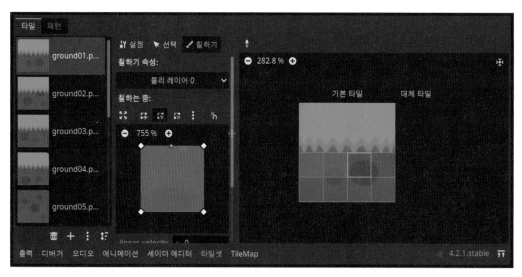

그림 3-14: 타일에 콜리전을 적용한다

다른 이미지에도 마찬가지의 작업을 반복합니다. 모든 이미지에 콜리전을 적용했다면 타일맵 탭
을 선택합니다. 그림 3-15와 같이 타일 전체를 선택하고 키보드의 'D' 키를 누르면 씬 위에 타일을
배치할 수 있게 됩니다. 이를 반복해 스테이지를 작성합니다.

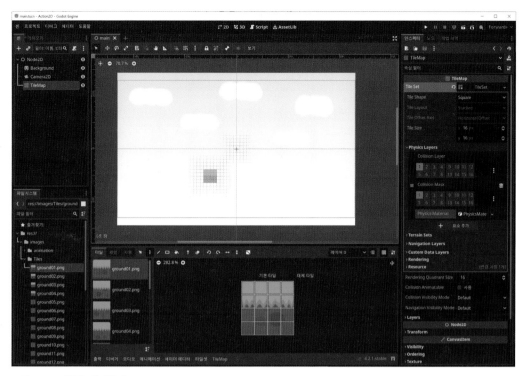

그림 3-15: 타일을 배치한다

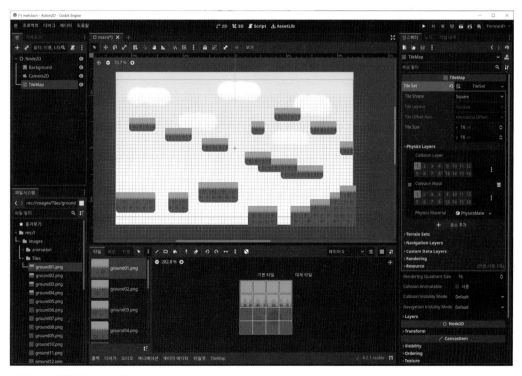

그림 3-16: 작성한 스테이지

3.2.4 스테이지에 나무와 바위를 추가한다

화면을 완성했으므로 씬에 나무나 바위 등의 요소를 추가합니다. 파일시스템 탭의 `res:/images/` `tree.png`를 씬 안에 드래그 앤 드롭해서 나무를 추가할 수 있습니다.

나무의 위치는 인스펙터의 'Transform → Position', 크기는 'Transform → Scale'로 조정합니다. 그리고 'Transform → Rotation'으로 회전 각도도 조정할 수 있습니다. 같은 순서로 바위도 추가합니다. 여기에서 추가한 나무와 바위는 Sprite 타입 노드이므로 플레이어나 적 캐릭터와 충돌하지 않습니다.

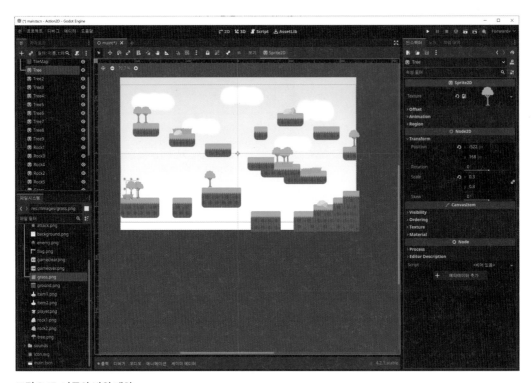

그림 3-17: 나무와 바위 배치

나무와 바위를 추가했으므로 씬 안에는 많은 Sprite 타입 노드가 표시됩니다. 이것들은 이후 편집하지 않으므로 하나의 노드로 모아 둡니다.

TileMap 노드를 선택하고 '+' 버튼을 클릭하거나 TileMap 노드를 선택하고 마우스 오른쪽 버튼을 클릭해서 '자식 노드 추가…'를 클릭합니다. 노드 작성 화면이 표시되면 'Node'를 선택해서 작성합니다. 그림 3-18과 같이 나무나 바위 등을 드래그 앤 드롭해서 Node의 자식 노드로 만듭니다. 이렇게 노드를 모음으로써 씬의 형태를 깔끔하게 정리하면 개발 진행이 쉬워집니다.

그림 3-18: 나무와 바위 등을 하나의 노드에 모은다.

플레이어를 작성하고 움직임을 추가한다

3.3.1 플레이어에게 필요한 노드를 준비한다

여기에서는 게임의 주인공이라 할 수 있는 플레이어를 작성합니다. 플레이어 작성에 필요한 노드 타입과 씬의 계층 구조는 다음과 같습니다. 그리고 그림 3-19는 플레이어 구성을 그림으로 나타낸 것입니다.

CharacterBody2D	플레이어를 지면을 따라 움직인다. 벽 등의 장애물에 대해서는 충돌시킬 수 있다.
- CollisionShape2D	CharacterBody2D에서 충돌 판정에 사용하는 형태를 지정한다.
- AnimatedSprite2D	Strite를 사용한 애니메이션을 제어한다. 여기에서는 정지와 걷기의 2가지 애니메이션을 작성한다.
- RayCast2D	지면으로의 착지를 판정하기 위해 사용한다. 플레이어 아래 방향으로 Ray(광선)를 뿌려 지면과 접촉하고 있는지 판정한다.

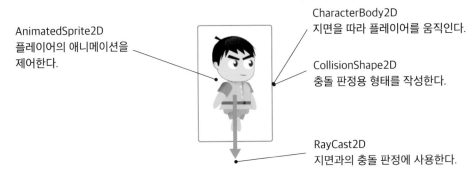

그림 3-19: 플레이어 구성

씬에서 '+' 버튼으로 플레이어 구성에 필요한 4개의 노드를 작성합니다. 그림 3-20은 필요한 노드를 작성하고 계층 구조에 따라 노드를 중첩한 상태를 나타냅니다. 아직 필요한 설정을 수행하지 않았으므로 경고 표시가 나타납니다.

그림 3-20: 플레이어 작성에 필요한 노드 준비

먼저 AnimatedSprite2D를 설정합니다. AnimatedSprite2D 노드를 선택하고 인스펙터를 엽니다. 인스펙터의 SpriteFrames 항목이 빈 상태로 표시되므로 'V' 버튼을 클릭하고 '새 SpriteFrames'를 선택합니다. 그러면 SpriteFrames가 작성되고 Frames 항목에 SpriteFrames가 설정됩니다. 설정된 SpriteFrames를 클릭하고 스프라이트 프레임 패널을 엽니다. 그림 3-21은 스프라이트 프레임 패널을 연 상태의 에디터 화면입니다.

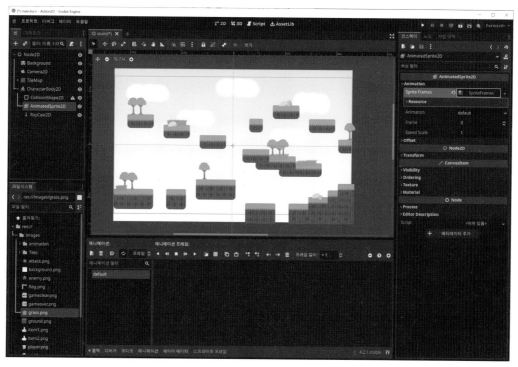

그림 3-21: SpriteFrames를 작성하고 스프라이트 프레임 패널을 연 에디터 화면

스프라이트 프레임을 보면 'default'라는 이름을 가진 빈 애니메이션이 처음부터 준비되어 있습니다. 이 애니메이션을 마우스 왼쪽 버튼으로 클릭하고 애니메이션 이름을 'idle'로 변경합니다. idle 애니메이션에서는 플레이어가 움직이지 않을 때의 애니메이션을 설정합니다. 파일시스템 탭의 res://images/player.png를 애니메이션 탭으로 드래그 앤 드롭해서 idle 애니메이션 프레임을 추가합니다. 그림 3-22는 idle 애니메이션을 설정한 상태입니다.

그림 3-22: idle 애니메이션을 작성한다.

플레이어를 움직여 봅니다. 스프라이트 프레임 패널 왼쪽 위에 있는 휴지통 버튼 왼쪽 옆에 있는 '애니메이션 추가' 버튼을 클릭하고 새로운 애니메이션을 작성한 뒤 'walk'라는 이름을 붙입니다. walk 애니메이션에는 플레이어가 이동할 때의 걷는 동작을 설정합니다.

파일시스템 탭의 'res://images/animation' 폴더 안에 있는 모든 이미지를 선택하고 walk 애니메이션의 프레임으로 드래그 앤 드롭해서 추가합니다. 그림 3-23은 walk 애니메이션을 설정한 상태입니다. 여기에서 walk 애니메이션 속도(FPS)를 '50'으로 설정합니다. 스프라이트 프레임 패널의 '▶' 버튼을 클릭해서 애니메이션을 재생할 수 있습니다.

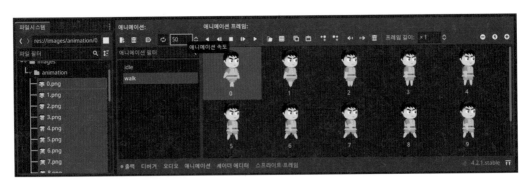

그림 3-23: walk 애니메이션을 작성한다.

작성한 idle과 walk 애니메이션의 전환은 스크립트 안에서 수행합니다.

플레이어 크기가 스테이지 크기에 적합하지 않을 때는 씬에서 AnimatedSprite2D를 선택하고
인스펙터에서 'Transform → Scale' 항목에서 조정합니다. 여기에서는 Scale을 (x: 0.5, y: 0.5)
로 설정합니다.

계속해서 충돌 판정을 위한 설정을 합니다. 씬에서 CollisionShape2D 노드를 선택하고 인스펙
터를 엽니다. 빈 Shape 항목이 표시됩니다. 'V' 버튼을 클릭한 뒤 '새 RectangleShape2D'를 선
택합니다. 그러면 그림 3-24와 같이 플레이어에 겹쳐진 사각형 콜리전 형태가 표시됩니다. 인스펙
터의 Shape 항목에 추가된 'RectangleShape2D'를 클릭하면 콜리전 크기를 지정할 수 있으므
로 플레이어 크기에 맞춰 크기를 조정합니다.

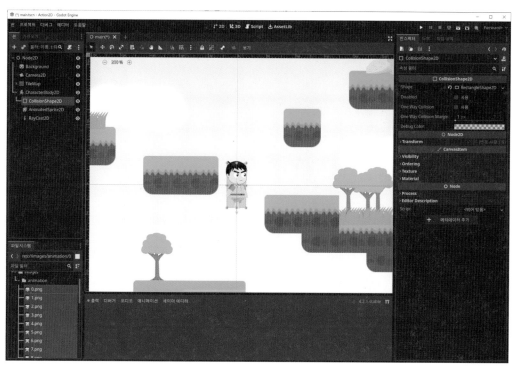

그림 3-24: 플레이어에 콜리전을 설정한다.

착지 판정에는 RayCast2D를 사용합니다. 씬에서 RayCast2D 노드를 선택하고 Target Position 항목의 y 값을 조정해서 RayCast2D 화살표가 콜리전보다 약간 바깥쪽에 나타나도록 설정합니다. 여기에서는 45로 설정했습니다 그림 3-25는 RayCast2D를 설정한 상태의 에디터 화면입니다.

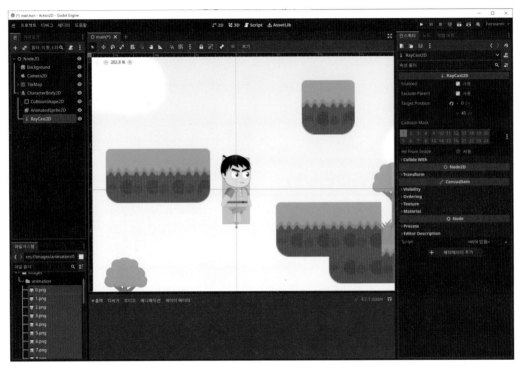

그림 3-25: 플레이어에 RayCast2D를 설정한다.

여기까지의 설정을 완료했다면 플레이어의 위치를 조정합니다. 씬에서 CharacterBody2D를 선택하고 인스펙터를 열어 그림 3-26과 같이 'Transform → Position' 항목에서 플레이어의 위치를 조정합니다. 여기에서 설정한 위치가 게임 시작 시 플레이어의 위치가 됩니다. 캐릭터가 나무나 풀 뒤로 숨겨진다면 'CanvasItem → Ordering → Z Index' 값을 키워서 앞쪽으로 이동시킵니다.

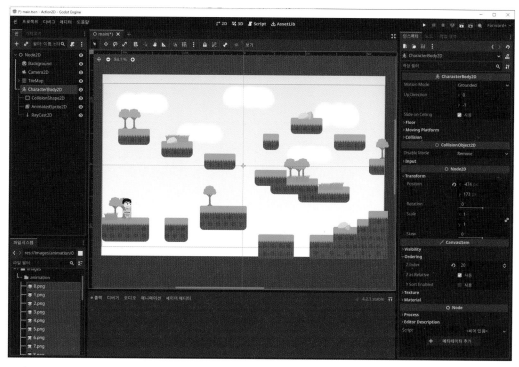

그림 3-26: 플레이어 위치 조정

3.3.2 스크립트로 플레이어를 동작하게 만든다

플레이어를 키보드로 조작할 수 있도록 하기 위한 스크립트를 작성합니다.

씬에서 CharacterBody2D를 선택하고 인스펙터의 Script 항목에서 player.gd라는 이름으로 새 스크립트를 작성합니다. player.gd에는 스크립트 3-1의 내용을 입력합니다. 그러면 플레이어를 좌우로 움직이거나 점프하게 할 수 있습니다.

스크립트 3-1: player.gd 좌우 이동과 점프 기능

```
extends CharacterBody2D

# 걷기 속도
@export var WALK_SPEED = 250
# 자녀 노드의 AnimatedSprite를 취득한다
@onready var sprite = $AnimatedSprite2D
# 이동 방향을 (0,0)으로 초기화한다
@onready var direction = Vector2(0,0)
```

```
# 중력과 점프력
@export var GRAVITY = 15
@export var JUMP_POWER = 450


# 지면과의 접촉 판정에 사용하는 RayCast2D
@onready var raycast2d = $RayCast2D



func _ready():
    # 다른 게임 객체보다 앞쪽에 표시한다
    self.z_index = 100



func _physics_process(delta):

    if Input.is_action_pressed("ui_right"):
        # 오른쪽 방향 화살표 키가 눌렸을 때 오른쪽 방향으로 이동한다
        direction.x = WALK_SPEED
        sprite.flip_h = false
        sprite.play("walk")
    elif Input.is_action_pressed("ui_left"):
        # 왼쪽 방향 화살표 키가 눌렸을 때 왼쪽 방향으로 이동한다
        direction.x = -WALK_SPEED
        sprite.flip_h = true
        sprite.play("walk")
    else:
        direction.x = 0
        sprite.play("idle")

    # 중력을 적용한다
    direction.y += GRAVITY
    if raycast2d.is_colliding():
        direction.y = 0
        if Input.is_action_just_pressed("ui_up"):
            # 지면과 접촉 중 위쪽 화살표 키가 눌렸을 때 점프한다
```

```
        direction.y = -JUMP_POWER

    self.velocity = direction
    self.move_and_slide()
```

_physics_process 메서드는 같은 간격으로 반복 실행되며 고도에서 내부적으로 결정되어 있습니다. 이 player.gd 스크립트에서는 다음을 수행합니다.

오른쪽 방향키가 눌렸는지 판정한다: Input.is_action_pressed("ui_right")

　　→ 키가 눌려 있다면 오른쪽 이동 속도를 설정한다: direction.x = WALK_SPEED

　　→ 플레이어의 방향을 오른쪽으로 설정한다: sprite.flip_h = false

　　→ 애니메이션은 walk를 사용한다: sprite.play("walk")

왼쪽 방향키가 눌렸는지 판정한다: Input.is_action_pressed("ui_left")

　　→ 키가 눌려 있다면 왼쪽 이동 속도를 설정한다: direction.x = -WALK_SPEED

　　→ 플레이어의 방향을 왼쪽으로 설정한다: sprite.flip_h = true

　　→ 애니메이션은 walk를 사용한다: sprite.play("walk")

오른쪽 방향키, 왼쪽 방향키를 모두 누르지 않았을 때

　　→ 이동 속도는 0으로 한다: direction.x = 0

　　→ 애니메이션은 idle을 사용한다: sprite.play("idle")

중력 효과를 낸다

　　→ 중력 효과를 y 방향의 이동량으로 추가한다: direction.y += GRAVITY

　　→ 착지를 판정한다: raycast2d.is_colliding()

　　→ 착지 중에는 중력 효과를 없앤다(y 방향의 이동량을 0으로 한다): direction.y = 0

　　→ 착지 중에 위쪽 방향키가 눌려 있다면 점프한다: direction.y = -JUMP_POWER

그리고 변수를 작성할 때 지정한 @export와 @onready는 각각 다음과 같은 의미입니다.

- @export: 변수를 인스펙터에서 변경할 수 있도록 한다.
- @onready: 이 스크립트가 설정되어 있는 노드와 그 자식 노드의 초기화가 완료됐을 때 실행한다.

예를 들어 export를 붙인 WALK_SPEED 변수는 인스펙터에서 그림 3-27과 같이 표시됩니다.

그림 3-27: 인스펙터에 표시된 속성

`player.gd` 스크립트의 기술을 완료했으므로 씬을 저장하고 게임을 실행해 다음을 확인합니다. 잘 동작하지 않는다면 설정에 오류는 없는지, 스크립트 기술에 오류는 없는지 확인합니다.

① 지면에 착지할 수 있다.

② 좌우 화살표로 플레이어를 움직일 수 있다.

③ 이동 방향에 맞춰 플레이어의 방향이 바뀐다.

④ 이동 중에 걷기 애니메이션이 재생된다.

⑤ 착지 상태에서 위쪽 방향키를 누르면 점프할 수 있다.

동작 확인을 완료했다면 그림 3-28과 같이 'CharacterBody2D' 노드 이름을 'Player'로 변경합니다.

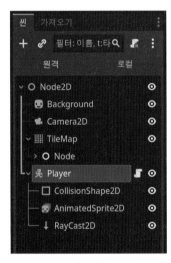

그림 3-28: 플레이어의 노드 이름을 'CharacterBody2D'에서 'Player'로 변경한다.

아이템을 작성하고 플레이어가 취득하게 한다

3.4.1 아이템 노드를 작성한다

아이템은 다음 3개의 노드와 계층 구조로 구성됩니다. 그림 3-29는 아이템 구성을 나타낸 것입니다. 씬의 '+' 버튼으로 Area2D와 CollisionShape2D를 작성하고 Sprite는 `res://images/itme1.png` 또는 `res://images/item2.png`를 드래그 앤 드롭해서 추가합니다. 아이템 크기는 인스펙터의 Scale 항목으로 조정합니다. 여기에서는 (x: 0.5, y: 0.5)로 설정했습니다.

Area2D	플레이어와의 접촉 판단을 수행한다(충돌은 시키지 않고 플레이어의 콜리전에 접촉했는지만 판정한다).
- CollisionShape2D	Area3D의 접촉 판정에 사용하는 형태를 규정한다.
- Sprite(Item1)	아이템 이미지

Sprite
아이템의 형태(이미지)를
설정한다.

Area2D
플레이어와의 접촉 판정을 수행한다.

CollisionShape2D
접촉 판정용 형태를 작성한다.

그림 3-29: 아이템 구성

그림 3-30은 아이템 구성에 따라 노드를 작성한 뒤 계층 구조까지 설정한 상태입니다. CollisionShape2D 설정은 수행하지 않았으므로 현재 경고가 표시됩니다.

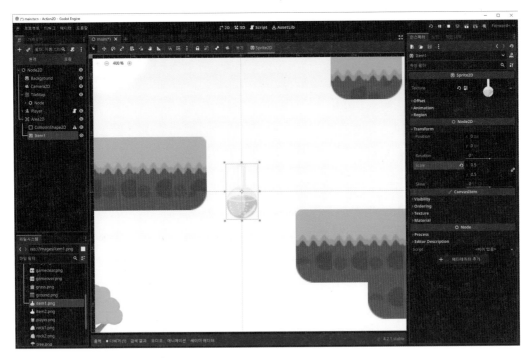

그림 3-30: 인스펙터에 표시된 속성

플레이어가 아이템을 취득할 수 있도록 하기 위해 CollisionShape2D에 접촉 판정용 설정을 수행합니다. 씬에서 CollisionShape2D를 선택하고 인스펙터를 연 뒤 Shape 항목의 'V' 버튼을 클릭하고 '새 RectangleShape2D'를 선택합니다. 사각형의 콜리전 형태가 표시되면 이 형태를 아이템 크기에 맞춥니다. 그림 3-31은 아이템에 콜리전을 설정한 상태입니다.

그림 3-31: 아이템에 콜리전 형태를 설정한다.

접촉 판정에 필요한 설정은 이것으로 완료입니다. 마지막으로 'Area2D' 노드의 이름을 'Item'으로 변경합니다.

3.4.2 플레이어가 아이템을 취득할 수 있게 한다

아이템 설정을 완료했으므로 플레이어가 아이템을 취득할 수 있도록 스크립트를 작성합니다. 여기에서는 '시그널'이라 불리는 구조를 사용합니다.

플레이어와 아이템의 접촉을 판정한 뒤부터 플레이어의 HP가 회복될 때까지의 흐름은 그림 3-32와 같습니다. 접촉을 감지했을 때 발신되는 body_entered 시그널은 아이템으로 사용하는 Area2D 타입의 노드에서 처음부터 제공합니다.

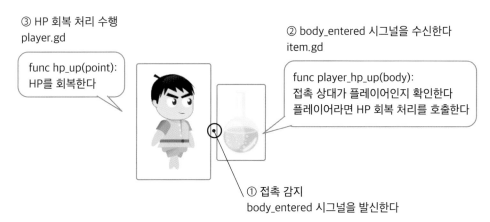

그림 3-32: 시그널을 사용한 아이템 취득 흐름

플레이어 측 스크립트를 작성합니다. player.gd 끝에 스크립트 3-2를 추가합니다. onready var hp=100을 사용해 HP 초기 값을 100으로 설정합니다. hp_up 메서드에서는 100을 넘지 않는 범위에서 HP 회복 처리를 수행합니다.

스크립트 3-2: player.gd HP 회복 기능

```
# HP를 작성한다
@onready var hp=100



func hp_up(point):
    print("HP recovery : +", point)
```

```
    hp+=point
    if hp>100:
        hp=100
```

계속해서 Item의 스크립트를 작성합니다. 씬에서 Item 노드(Area2D)의 인스펙터를 열고 Script 항목에서 item.gd라는 이름으로 새 스크립트를 작성합니다. item.gd에는 스크립트 3-3 의 내용을 입력합니다. player_hp_up 메서드 안에서는 접촉 상대(body)가 플레이어인지 판정하고 플레이어라면 player.gd에 기술한 HP 회복 처리를 호출합니다. queue_free() 메서드는 아이템 자신을 삭제하기 위해 호출하는 메서드입니다.

스크립트 3-3: 플레이어의 HP를 회복시키는 기능을 구현

```
extends Area2D

# 이 아이템을 취득했을 때의 HP 회복량
@export var HP_RECOVERY=10


func _ready():
    # 나무나 바위 보다 앞쪽에 표시한다
    self.z_index = 1


func player_hp_up(body):
    if body.name == "Player":
        body.hp_up(HP_RECOVERY)
        self.queue_free()
```

이것으로 스크립트 작성을 완료했습니다. 마지막으로 플레이어와 아이템의 접촉을 감지해 item. gd의 player_hp_up 메서드가 호출되도록 시그널을 설정합니다. 씬에서 Item 노드를 선택하고 인스펙터 옆에 있는 노드 탭을 엽니다. 그림 3-33과 같이 노드 탭에는 Item 노드가 발신하는 시그널 목록이 표시됩니다. 여기에서 사용하는 시그널은 Area2D 타입의 노드에서 제공하는 body_entered입니다.

그림 3-33: 아이템 노드 시그널

노드 탭에서 body_entered(body:Node) 시그널에 마우스 오른쪽 버튼을 클릭하고 '연결'을 선택합니다. 그러면 그림 3-34와 같이 연결 대상 노드와 수신 메서드를 선택하는 창이 열립니다. 연결 대상 노드는 Item(연결 시작 지점)을 선택하고 수신 메서드에는 player_hp_up을 설정합니다.

그림 3-34: 시그널에 메서드를 연결

시그널 설정을 완료하고 '연결' 버튼을 클릭하면 그림 3-35와 같이 시그널이 연결된 것을 알 수 있습니다.

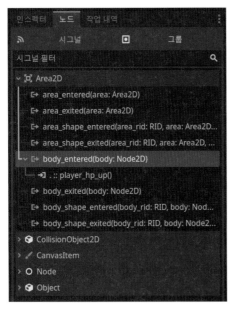

그림 3-35: player_hp_up에 시그널 연결을 완료한 상태

이상으로 아이템 작성을 완료했습니다. 게임을 실행하고 아래 관점에서 그림 3-36과 같이 아이템을 취득할 수 있는지 확인합니다. 동작을 확인할 수 있도록 아이템 위치나 크기를 적절하게 조정합니다.

① 아이템 취득 시 아이템이 사라진다.
② 아이템 취득 시 'HP recovery: +10' 문자가 출력된다.

그림 3-36: 아이템 동작 확인

적 캐릭터를 작성하고 움직인다

3.5.1 적 캐릭터를 출현시킨다

적 캐릭터는 다음 노드와 계층 구조로 구성됩니다. 그림 3-37에 적 캐릭터의 구성을 표시했습니다. 씬의 '+' 버튼으로 CharacterBody2D와 CollisionShape2D, AnimationPlayer2D를 새로 작성합니다. 파일시스템 탭의 `res://images/enemy.png`를 뷰포트에 드래그 앤 드롭해서 Sprite 타입 노드를 작성합니다. AnimationPlayer는 Sprite의 자식 노드가 되도록 합니다.

Node2D	적 캐릭터 위치의 기준점이 되는 노드.
- CharacterBody2D	플레이어와의 충돌을 감지한다.
-- CollisionShape2D	CharacterBody2D에서 충돌 감지에 사용할 상태를 규정한다.
-- Sprite(Enemy)	적 캐릭터 이미지
--- AnimationPlayer	적 캐릭터를 자동으로 움직이기 위해 사용한다.

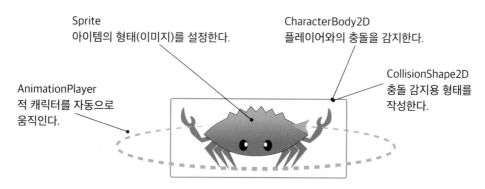

그림 3-37: 적 캐릭터 구성

그림 3-38은 위 구성에 따라 노드를 작성하고 계층 구조를 설정한 상태입니다.

그림 3-38: 적 캐릭터를 구성하는 노드 계층 구조

3.5.2 적 캐릭터를 움직인다

적 캐릭터를 자동으로 움직이려면 AnimationPlayer 타입
노드를 사용합니다. 씬에서 AnimationPlayer 노드를 선택
하고 애니메이션 패널을 엽니다. 애니메이션 패널 안의 '애니
메이션' 버튼을 클릭하고 '새로 만들기'를 선택합니다. 그림
3-39와 같이 애니메이션 이름을 입력하는 팝업 창이 나타나
면 'move'라는 이름으로 작성합니다.

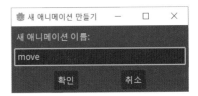

그림 3-39: move 애니메이션 작성

move 애니메이션이 작성되면 그림 3-40과 같이 '트랙 추가 → 베지어 곡선 트랙 →
CharcterBody2D(적 캐릭터 노드) → position' 순서로 선택합니다.

그림 3-40: 베지어 곡선 트랙 작성

트랙을 추가하면 그림 3-41과 같이 표시됩니다. 여기에서는 좌우 (x 축 방향)로 움직이도록 할 것이므로 'position:x' 항목의 오른쪽에 있는 곡선 기호를 클릭해 편집 화면을 엽니다.

그림 3-41: position 트랙 추가

곡선 기호를 클릭하면 그림 3-42와 같이 애니메이션 패널이 열립니다. 여기에서 애니메이션 패널 오른쪽 위의 타이머 아이콘 항목에서 애니메이션 시간을 4초로 설정하고, 그 오른쪽 옆의 '애니메이션 반복' 아이콘을 클릭해 애니메이션 루프를 활성화합니다.

애니메이션 패널에서는 가로 축이 시각, 세로 축이 x 좌표를 나타냅니다. 먼저 (시간 0, x 좌표 -80) 근처를 마우스 오른쪽 클릭한 뒤 '여기에 키 삽입'을 선택합니다. 마찬가지로 (시간 2, x 좌표 80), (시각 4, x 좌표 -80) 근처에 키를 삽입합니다. 'position:y'는 사용하지 않으므로 휴지통 기호 버튼으로 삭제해도 문제없습니다.

이것으로 애니메이션 설정을 완료했습니다. 애니메이션 패널 왼쪽 위에 있는 플레이 버튼(▶)을 클릭하면 적 캐릭터가 자동으로 좌우로 움직이는 것을 확인할 수 있습니다.

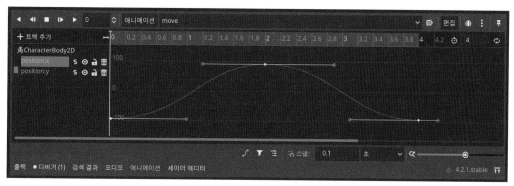

그림 3-42: 베지어 곡선

동작 확인을 마쳤으므로 적 캐릭터의 노드 이름을 'Node2D'에서 'EnemyNode'으로 'CharacterBody2D'에서 'Enemy'로 변경합니다.

3.5.3 적과 플레이어의 충돌을 판정한다

적 캐릭터가 플레이어에게 대미지를 줄 수 있도록 적 캐릭터와 플레이어의 충돌을 판정합니다. 씬에서 CollisionShape2D를 선택하고 인스펙터를 연 뒤 Shape 항목의 'V' 버튼을 클릭하고 '새 RectangleShape2D'를 선택합니다. 그러면 그림 3-43과 같이 사각형 콜리전 형태가 표시됩니다. 이 형태를 적 캐릭터의 크기에 맞춰 조정합니다. 그리고 Enemy 스프라이트 크기는 스테이지에 맞춰 조정합니다.

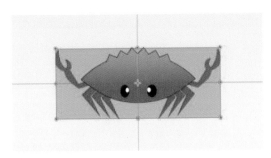

그림 3-43: 적 캐릭터의 콜리전 형태 설정

충돌 판정을 수행하기 위해 player.gd 마지막에 스크립트 3-4의 내용을 추가합니다. hp_down 메서드는 대미지를 받았을 때 실행되는 메서드입니다. HP가 0이 됐을 때 gameover 메서드를 호출하며, 해당 메서드는 현재 Gameover 문자만 표시합니다.

스크립트 3-4: player.gd 플레이어가 데미지를 받았을 때 HP를 줄이는 처리

```
func gameover():
  print("Gameover")



func hp_down(point):
   print("HP decrease : -", point)
   hp -= point
   if hp<0:
     gameover()
```

계속해서 씬에서 Enemy 노드를 선택해 인스펙터를 열고 Script 항목에서 enemy.gd라는 이름으로 새 스크립트를 작성합니다. enemy.gd 스크립트에는 스크립트 3-5의 내용을 입력합니다.

스크립트 3-5: enemy.gd 플레이어와의 충돌을 판정하고 대미지를 입히는 처리

```
extends CharacterBody2D

@export var HP_DAMAGE=1
@export var speed_scale=1.0


func _ready():
    # 나무나 바위보다 앞에 표시한다
    self.z_index = 2
    # move 애니메이션을 재생한다
    var anim = get_node("CollisionShape2D/Enemy/AnimationPlayer")
    anim.set_current_animation("move")
    anim.set_speed_scale(speed_scale)


func _physics_process(delta):
    var collision = move_and_collide(Vector2(0,0))
    if collision && collision.get_collider().name=="Player":
        collision.get_collider().hp_down(HP_DAMAGE)
```

여기에서 _physics_process 메서드는 일정 간격으로 실행되는 메서드입니다. move_and_collide 메서드에서 다른 노드와의 충돌을 감지합니다. 충돌 상대가 플레이어라면 player.gd 측에서 구현하고 hp_down 메서드를 호출합니다.

이상으로 적 캐릭터 작성을 완료했습니다.

플레이어의 공격을 만든다

3.6.1 플레이어의 공격을 만든다

플레이어의 공격은 다음 노드와 계층 구조로 구성됩니다. 그림 3-44는 공격의 구성을 그림으로 나타낸 것입니다. 씬의 '+' 버튼으로 Area2D, CollisionShape2D, VisibleOnScreenNotifier2D 노드를 작성합니다. 파일시스템 탭의 `res://images/attack.png`를 뷰포트로 드래그 앤 드롭하고 이것을 Sprite로 합니다

Area2D	적 캐릭터와의 접촉을 판정한다.
- CollisionShape2D	Area2D에서 접촉 판정에 사용하는 형태를 규정한다.
- VisibleOnScreenNotifier2D	플레이어의 공격이 화면 밖으로 나간 것을 감지한다.
- Sprite(Attack)	플레이어의 공격 이미지

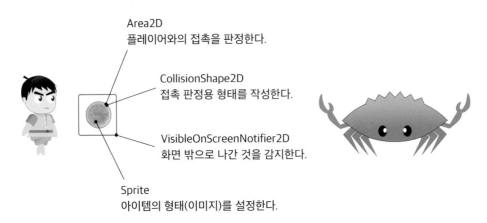

Area2D
플레이어와의 접촉을 판정한다.

CollisionShape2D
접촉 판정용 형태를 작성한다.

VisibleOnScreenNotifier2D
화면 밖으로 나간 것을 감지한다.

Sprite
아이템의 형태(이미지)를 설정한다.

그림 3-44: 플레이어의 공격 구성

위 구성에 따라 노드를 작성하고 계층 구조로 만든 것이 그림 3-45입니다. CollisionShape2D 설정은 수행하지 않았으므로 경고가 표시합니다.

그림 3-45: 공격을 구성하는 노드와 계층 구조

먼저 씬에서 Area2D 노드를 선택해 인스펙터를 열고 'Transform → Scale' 항목에서 크기를 조정합니다. 여기에서는 (x: 0.4, y: 0.4)로 설정했습니다.

계속해서 충돌 감지 설정을 수행합니다. 씬에서 CollisionShape2D를 선택하고 인스펙터를 연 뒤 Shape 항목에서 '새 CircleShape2D'를 선택합니다. 그림 3-46은 CircleShape2D를 설정한 상태입니다.

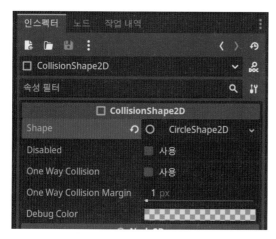

그림 3-46: CollisionShape2D에 Shape를 설정

3.6.2 플레이어가 공격할 수 있게 한다

플레이어가 공격할 수 있도록 하기 위한 스크립트를 작성합니다. 'Area2D' 노드를 선택하고 인스펙터를 연 뒤 Script 항목에서 attack.gd라는 이름으로 새 스크립트를 작성합니다. attack.gd 에는 스크립트 3-6의 내용을 기술합니다.

스크립트 3-6: attack.gd 스크립트

```
extends Area2D

# 적에게 입히는 대미지
@export var HP_DAMAGE=20
# 속도와 방향
@export var SPEED=300

var velocity = Vector2()


func init(position, direction):
    self.z_index = 3
    self.position=position
    self.velocity=Vector2(direction*SPEED, 0)


func _physics_process(delta):
    self.position+=delta*self.velocity


func _on_collision(body):
    if body.name == "Enemy":
        body.damaged(HP_DAMAGE)
        self.queue_free()
    elif body.name == "Player":
        pass
    else:
        self.queue_free()
```

```
func _on_VisibilityNotifier2D_screen_exited():
    queue_free()
```

이 attack.gd 스크립트에서는 다음을 실행합니다.

공격을 초기화한다: init 메서드

→ 나무나 바위에 가려지지 않도록 화면 앞쪽으로 표시한다: self.z_index = 3

→ 공격 초기 위치를 설정한다: self.position=position

→ 공격하는 방향과 속도를 결정한다: self.velocity=Vector2(direction*SPEED, 0)

공격한다: _physics_process 메서드

충돌을 감지한다: _on_collision 메서드

→ 적 캐릭터(enemy)와 충돌할 때 적의 HP를 줄인다: body.damaged(HP_DAMAMGE)

→ 플레이어 자신과 충돌했을 때는 아무것도 하지 않는다: pass

→ 벽이나 지면과 충돌했을 때는 공격을 삭제한다: self.queue_free()

화면 밖으로 나간 것을 감지한다: _on_VisibilityNotifier2D_screen_exited 메서드

→ 공격을 삭제한다: queue_free()

계속해서 enemy.gd 스크립트의 끝에 스크립트 3-7의 내용을 추가합니다. 이 스크립트에서는 적 캐릭터의 HP가 0이 됐을 때, 적 캐릭터를 삭제하는 기능을 구현합니다.

스크립트 3-7: enemy.gd 스크립트

```
@onready var HP=100


func damaged(point):
    HP -= point
    if HP < 0:
        self.queue_free()
```

마지막으로 공격이 적 캐릭터나 벽 등의 충돌을 감지할 수 있도록 하기 위해 시그널을 설정합니다. 충돌을 감지하고 시그널을 발신하는 것은 공격용 노드인 Area2D입니다. Area2D 노드를 선

택하고 인스펙터 옆의 노드 탭을 엽니다. 노드 탭의 body_entered(body:Node2D)에서 마우스 오른쪽 버튼을 클릭하고 '연결'을 선택합니다. 연결 대상은 그림 3-47과 같이 Area2D의 _on_collision 메서드로 합니다.

그림 3-47: 공격용 Node2D에서의 시그널 연결 대상

그림 3-48은 시그널 설정을 완료한 상태의 에디터 화면입니다.

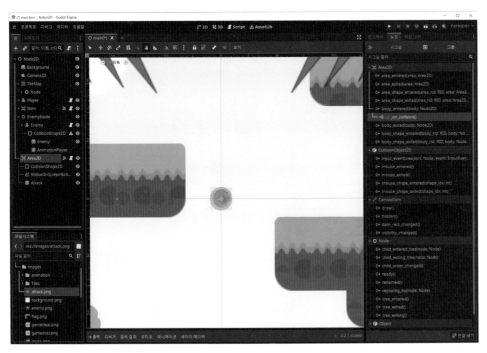

그림 3-48: 시그널 연결을 완료한 상태의 공격

화면 밖으로 나간 공격이 계속 남아 있으면 게임의 움직임이 무거워집니다. 그래서 공격이 화면 밖으로 나갔을 때 삭제할 수 있도록 하는 기능을 구현합니다. 이 기능의 구현에는 VisibleOnScreenNotifier2D 타입 노드를 사용합니다.

씬에서 VisibleOnScreenNotifier2D를 선택하고 노드 탭을 연 뒤 screen_exited 시그널에서 마우스 오른쪽 버튼을 클릭해 '연결'을 선택합니다. 연결 대상은 공격 노드인 Area2D의 _on_VisibilityNotifier2D_screen_exited 메서드로 합니다.

이것으로 공격 노드 준비를 완료했습니다. 씬에는 공격이 하나만 존재하기 때문에 한 번만 공격할 수 있습니다. 반복 공격할 수 있도록 하기 위해 공격 노드를 씬으로 변환합니다.

씬으로 변환하기 전에 'Area2D' 노드의 이름을 'Attack'으로 변경합니다. Attack 노드에서 마우스 오른쪽 버튼을 클릭한 뒤 '가지를 씬으로 저장하기'을 선택합니다. 이름은 attack.tscn으로 합니다. Attack 노드를 씬으로 저장한 뒤 씬에 있는 Attack 노드는 마우스 오른쪽 버튼을 클릭한 뒤 '노드 삭제'를 선택해 삭제합니다.

플레이어가 공격을 하기 위한 스크립트를 작성합니다. player.gd 마지막에 스크립트 3-8의 내용을 추가합니다.

스크립트 3-8: player.gd 스크립트

```
var attack = preload("res://attack.tscn")

func _process(delta):
  if Input.is_action_just_pressed("ui_select"):
    var attack_instance = attack.instantiate()
    attack_instance.z_index=100

  if sprite.flip_h:
    attack_instance.init(self.position,-1)
  else:
    attack_instance.init(self.position,1)

  get_parent().add_child(attack_instance)
```

_process 메서드는 게임이 화면에 그려지는 프레임마다 호출됩니다. 이 메서드에서는 다음 기능을 구현했습니다.

스페이스 키가 눌려진 것을 감지한다: Input.is_action_just_pressed("ui_select")

    → 공격 인스턴스를 작성한다: attack.instantiate()

    → 공격이 다른 노드에 가려지지 않도록 z index를 설정한다: attack_instance.z_index=100

    → 공격을 초기화한다(공격하지 않는 위치를 결정한다): attack_instance.init()

    → 공격을 게임 중에 생성한다: get_parent().add_child(attack_instance)

스크립트 기술을 완료했다면 씬을 저장하고 다음 관점에서 동작을 확인해 봅니다.

① 스페이스 키로 공격할 수 있다.

② 공격이 벽에 맞으면 공격이 사라진다.

그림 3-49: 공격 동작 확인

예상대로 동작한다면 플레이어 공격은 완성입니다.

3.7 게임 클리어를 추가한다

3.7.1 골 표시를 작성한다

여기에서는 플레이어가 골 표시에 도달했을 때 게임 클리어로 처리하는 기능을 작성합니다. 게임 클리어 표시는 다음 노드와 계층 구조로 작성됩니다. 기본적으로는 플레이어의 공격 등과 그 구성이 같습니다. 씬의 '+' 버튼으로 Area2D와 CollisionShape2D 노드를 작성합니다. 파일시스템 탭에서 res://images/flag.png를 뷰포트에 드래그 앤 드롭해서 추가하고 이것을 Sprite로서 사용합니다.

Area2D	적 캐릭터와의 접촉을 판정한다.
- CollisionShape2D	접촉 판정에 사용하는 형태를 규정한다.
- Sprite(Flag)	플레이어의 공격 이미지.

먼저 인스펙터에서 CollisionShape2D를 선택하고 인스펙터를 엽니다. 인스펙터의 Shape 항목에서 '새 RectangleShape2D'를 선택합니다. 그러면 사각형 콜리전 형태가 표시됩니다. flag의 Sprite에 맞춰 크기를 조정합니다. 그림 3-50은 골 표시 설정을 완료한 상태의 에디터 화면입니다.

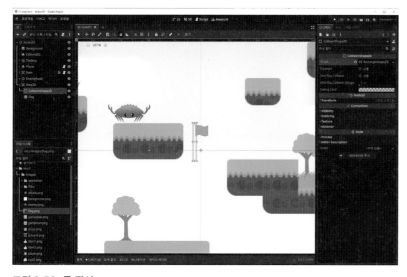

그림 3-50: 골 작성

3.7.2 골을 판정한다

플레이어가 골 표시에 도달한 것을 감지하기 위해서는 스크립트를 구현해야 합니다. 씬에서 골 표시인 Area2D 노드를 선택해 인스펙터를 엽니다. 인스펙터의 Script 항목에서 goal.gd라는 이름으로 새 스크립트를 작성합니다. 이 스크립트에는 스크립트 3-9의 내용을 입력합니다.

스크립트 3-9에 구현된 goal 메서드에서는 충돌 상대가 플레이어인지 판별합니다. 현 시점에서는 플레이어와 충돌했을 때 'Goal'이라고만 표시합니다.

스크립트 3-9: goal.gd 스크립트

```
extends Area2D


func goal(body):
    if body.name == "Player":
        print("Goal")
```

계속해서 goal 메서드가 실행되도록 시그널을 설정합니다. Area2D 노드를 선택하고 노드 탭을 엽니다. body_entered(body:Node) 시그널에서 마우스 오른쪽 버튼을 클릭한 뒤 '연결'을 선택합니다. 시그널 연결 대상은 그림 3-51과 같이 Area2D(연결 시작 지점) 노드의 goal 메서드로 합니다. 여기까지의 설정으로 골 표시는 완성입니다. 마지막으로 노드 이름을 'Area2D'에서 'Goal'로 변경합니다.

그림 3-51: 시그널 연결

게임에 소리를 추가한다

3.8.1 BGM을 추가한다

여기에서는 게임 연출을 위해 BGM을 추가합니다. Camera2D 노드의 자식 노드로 AudioStreamPlayer2D를 추가합니다. 이 노드의 인스펙터를 열고 Stream 항목에서 'V' 버튼을 클릭하고 '불러오기 → `res://sounds/bgm.wav`'를 선택합니다. 그리고 게임 시작 시 자동으로 BGM이 재생되도록 AutoPlay 항목을 체크합니다. 그림 3-52는 BGM용 AudioStream을 설정한 상태의 에디터 화면입니다.

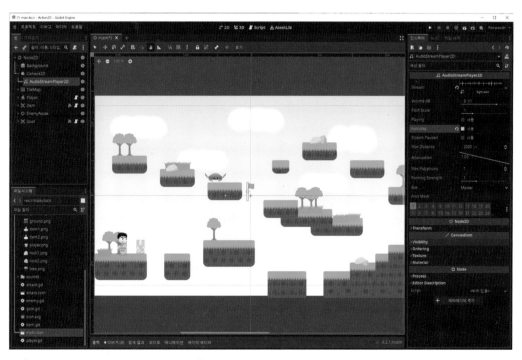

그림 3-52: BGM용 AudioStreamPlayer2D 설정

게임을 시작하면 BGM이 재생되기는 하지만 1번만 재생된 후 종료됩니다. 파일시스템 탭에서 res://sounds/bgm.wav를 선택하고 씬 탭 옆에 있는 가져오기 탭을 엽니다. 그림 3-53과 같이 '루프 모드' 설정 항목에서 'Forward'를 선택하고, '다시 가져오기' 버튼을 클릭합니다. 이렇게 하면 BGM이 반복 재생됩니다. 이것으로 BGM 설정은 완료입니다.

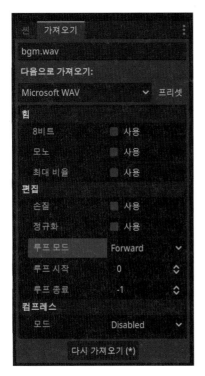

그림 3-53: BGM 루프 재생 활성화 및 다시 가져오기

3.8.2 공격 효과음을 추가한다

게임 연출을 한 층 높이기 위해 플레이어가 공격했을 때 효과음을 재생하도록 합니다.

파일시스템 탭에 있는 attack.tscn을 더블 클릭해서 씬의 편집 화면을 열고, 그림 3-54와 같이 씬의 '+' 버튼으로 'AudioStreamPlayer2D'를 작성합니다. 작성한 AudioStreamPlayer2D의 인스펙터에서는 Strem 항목에 res://sounds/attack.wav를 설정하고 Autoplay 항목에 체크합니다. 이상으로 공격 시 효과음 작성은 완료입니다.

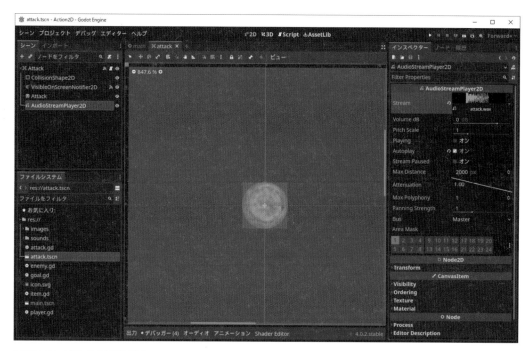

그림 3-54: 공격 시 효과음 설정

형태를 정리한다

3.9.1 적과 아이템을 배치한다

지금까지 적, 아이템 등을 작성했으므로 이들을 게임 안에 배치합니다. 노드에서 마우스 오른쪽 버튼을 클릭한 뒤 '복제'를 선택하면 적과 아이템을 복제할 수 있습니다.

노드의 위치는 인스펙터의 'Transform → Position'으로 설정합니다. 다른 노드와의 전후 관계는 인스펙터의 'Ordering'으로 조정합니다. Z Index의 값이 클수록 화면 앞쪽에 표시되며 작을수록 화면 뒤쪽에 표시됩니다. 그림 3-55는 적과 아이템, 골 표시를 배치한 후의 에디터 화면입니다.

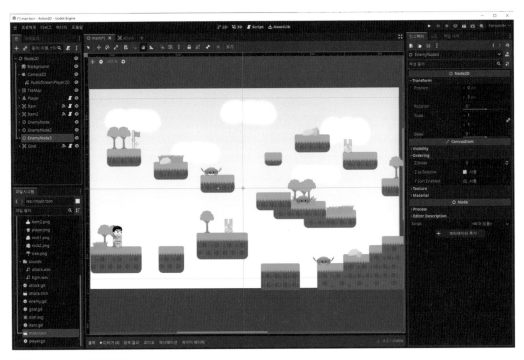

그림 3-55: 적과 아이템 배치

3.9.2 플레이어의 HP를 표시한다

Player의 HP를 표시할 때는 'ProgressBar'를 사용합니다.

씬의 '+' 버튼으로 'ProgressBar'를 새로 작성합니다. 작성한 ProgressBar의 인스펙터를 열고 'Control → Layout → Transform → Size'에서 크기를 변경하고 'Control → Layout → Transform → Position'으로 위치를 조정합니다. 'Range → Value' 항목을 설정해 비율(퍼센트)을 조정할 수 있습니다. 실제로는 스크립트에서 이 Value 값을 설정합니다.

ProgressBar의 색상은 'Control → Theme Overrides → Styles' 항목으로 변경합니다. Background와 Fill 항목에서 '새 StyleBoxFlat'을 선택합니다. 작성된 StyleBoxFlat을 클릭하면 색을 설정할 수 있습니다. 폰트 색상은 'Control → Theme Overrides → Colors' 항목에서 변경할 수 있습니다. 예시에서는 FontColor에 체크하고 검은색으로 설정했습니다.

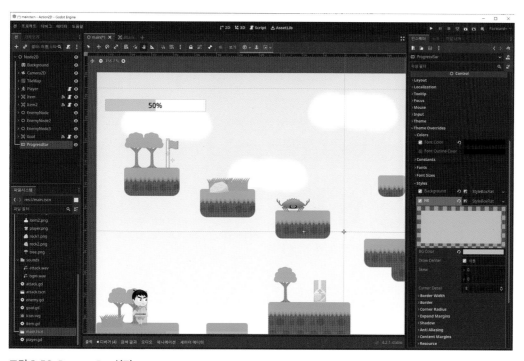

그림 3-56: ProgressBar 설정

마지막으로 플레이어 HP를 이 ProgressBar에 표시할 수 있도록 `player.gd` 스크립트의 `_progress` 메서드 안에 스크립트 3-10의 내용을 입력합니다.

이상으로 HP 표시 설정을 완료했습니다.

```
func _process(delta):
  $"/root/Node2D/ProgressBar".value=hp
```

3.9.3 GameOver와 GameClear

마지막으로 GameOver와 GameClear를 표시합니다. GameOver는 `res://images/gameover.png`, GameClear는 `res://images/gameclear.png` 에셋을 사용합니다. 이들 에셋을 뷰포트에 드래그 앤 드롭해서 추가하고, 씬 안의 눈 표시가 나타나지 않도록 설정해 둡니다.

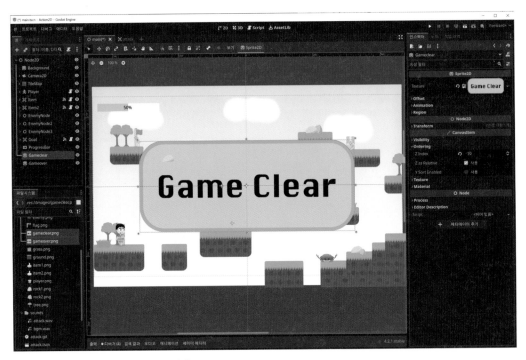

그림 3-57: GameClear와 GameOver 설정

계속해서 GameOver와 GameClear 시 이 Sprite들이 표시되도록 스크립트를 기술합니다. `goal.gd`의 `goal` 메서드를 스크립트 3-11과 같이 수정합니다. 이 스크립트는 표시되지 않게 되어 있는 GameClear의 Sprite인 `/root/Node2D/GameClear`를 취득해서 표시하고 게임을 중단합니다.

스크립트 3-11: goal.gd의 gameclear 메서드 수정

```
extends Area2D

func goal(body):
   if body.name == "Player":
      var gameclear = $"/root/Node2D/Gameclear"
      gameclear.z_index = 200
      gameclear.visible=true
      get_tree().paused=true
```

player.gd의 gameover 메서드는 스크립트 3-12와 같이 수정합니다. 이 스크립트에서는 표시되지 않은 Gameover의 Sprite인 /root/Node2D/Gameover를 취득해서 표시하고 게임을 중단합니다.

스크립트 3-12: player.gd의 gameover 메서드 수정

```
func gameover():
   var gameover = $"/root/Node2D/Gameover"
   gameover.z_index = 200
   gameover.visible=true
   get_tree().paused=true
```

SECTION 3.10

2D 액션 게임의 동작 확인

3.10.1 동작 확인

이상으로 2D 액션 게임 제작의 모든 순서를 마쳤으므로 최종적인 동작을 확인합니다.

게임을 실행하고 3.1.1항에서 설정한 게임 규칙대로 동작하는지 확인합니다. 예상대로 동작하지 않을 때는 노드 설정을 수정하거나 스크립트에 오류가 없는지 확인해 수정합니다. 그리고 필요하다면 스테이지 수정이나 플레이어의 점프력 및 공격력 등도 수정해도 좋을 것입니다.

그림 3-58: 게임 동작 확인

CHAPTER

04

3D FPS 게임 제작

게임 구성 구상

4.1.1 게임 캐릭터와 규칙을 결정한다

4장에서는 3D FPS(First Person Shooter: 1인칭 시점 슈팅) 게임을 제작하면서 게임 제작에 관해 학습합니다. 작성할 게임은 PC에서 실행되는 것을 가정했으며 그림 4-1은 완성된 이미지입니다. 플레이어 시점에서 캐릭터를 조작하고 차례로 나타나는 적 캐릭터를 쓰러뜨립니다. 게임 화면 왼쪽 위에 표시되어 있는 플레이어 HP가 0이 되거나 제한 시간이 경과하면 게임이 종료됩니다. 쓰러뜨린 적의 수도 표시됩니다.

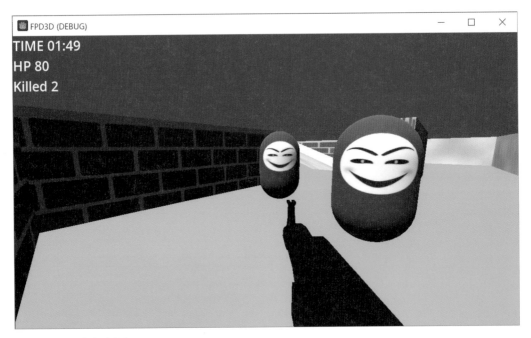

그림 4-1: 게임 완성 이미지

제작을 시작하기 전에 캐릭터와 게임 규칙을 결정합니다. 이번 게임에서는 표 4-1과 같이 결정합니다.

표 4-1: 게임 캐릭터와 규칙

캐릭터	적용된 규칙
플레이어	① W, A, S, D 키로 전후 좌우로 움직이고 스페이스 키로 점프할 수 있다. ② 마우스의 왼쪽 버튼을 클릭해 소총을 발사할 수 있다. ③ 적과 접촉하면 플레이어의 HP가 줄어든다. ④ HP가 0이 되면 게임 오버가 된다.
적	① 적 캐릭터는 플레이어를 향해 자동으로 스테이지에서 움직임을 반복한다. ② 플레이어와 접촉하면 플레이의 HP가 줄어든다. ③ 총에 맞으면 자신의 HP가 줄어든다. ④ 자신의 HP가 0이 되면 게임에서 사라진다. ⑤ 일정 시간 간격으로 새로운 적이 자동으로 생성된다.

4.1.2 필요한 기능과 제작 순서를 구체화한다

캐릭터와 규칙을 결정했으므로 게임 제작 순서를 생각해 봅니다. 이번 장에서는 그림 4-2와 같은 순서로 FPS 게임을 제작합니다. 플레이어와 적 캐릭터를 움직이기 위한 스테이지를 가장 먼저 작성하고, 그 뒤에 플레이어와 적 캐릭터를 작성합니다. 플레이어의 공격, 효과음, 게임 오버 표시와 같은 UI 요소는 후반 단계에서 작성합니다.

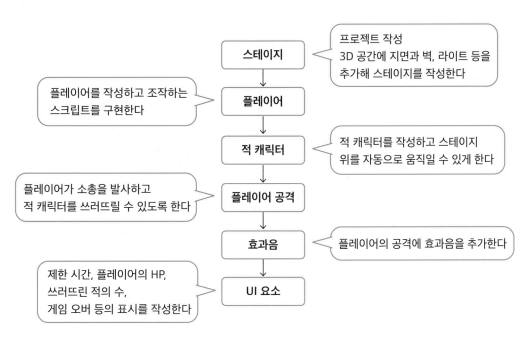

그림 4-2: 게임 제작 순서

3D 게임 공간을 작성한다

4.2.1 새 프로젝트 작성

실제 작업에 들어갑니다. 먼저 FPS 게임을 개발하기 위한 새 프로젝트를 작성합니다. 이 책에서는 'FPS3D'라는 이름으로 프로젝트를 작성합니다.

프로젝트를 작성하고 연 뒤 씬 탭에서 '3D 씬' 버튼을 선택합니다. 그림 4-3과 같이 'Node3D'라는 이름으로 루트 노드가 작성됩니다. 이것으로 FPS 게임을 개발하기 위한 3D 게임 공간을 만들었습니다.

그림 4-3: 새 프로젝트를 작성하고 루트 노드를 Node3D로 한 에디터 화면

그림 4-3의 뷰에 좌표가 표시되어 있는 것처럼 빨간색은 x 축, 파란색은 z 축, 초록색은 y 축입니다. 이 3축이 교차하는 점이 원점 위치(x: 0, y: 0, z: 0)가 됩니다. 3D 공간에서 게임을 작성할 때는 어떤 축에 대해 조작을 수행하는 것인지 항상 의식해야 합니다. 그리고 그림 4-4와 같이 기본

적으로는 -y 방향으로 중력이 작용합니다. 게임 공간 안에서는 지면에 대한 위아래 방향은 z 축이
아니라 y 축이라는 점에 주의합니다.

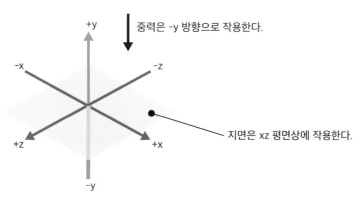

그림 4-4: 3D 게임 공간의 좌표축과 중력 작용 방향

계속해서 3D 모델과 이미지 등의 에셋(게임 소재)을 프로젝트에 추가합니다. 예제 소재인 'asset
→ images', 'asset → sound', 'asset → models'의 3개 폴더를 에디터의 파일시스템 탭에 드
래그 앤 드롭해서 추가합니다. 그림 4-5와 같이 프로젝트에 에셋이 추가됩니다.

그림 4-5: 에셋 추가

에셋을 추가했으므로 현재 씬을 한 번 저장합니다. 메인 메뉴에서 '씬 → 씬 저장'을 선택합니다.
씬 이름을 입력하는 창이 표시되면 `main.tscn`을 입력하고 저장을 완료합니다. 이후 씬에 변경이
있을 때는 항상 씬을 저장할 것을 권장합니다.

4.2.2 스테이지에 지면을 추가한다

3D 게임 공간에 지면과 벽 같은 객체를 작성하는 방법은 크게 2가지입니다. 한 가지는 프리미티브Primitives라 불리는 정육면체나 구체 같은 단순한 형태를 여럿 조합해서 작성하는 방법입니다. 다른 한 가지는 게임 엔진과 다른 모델링 도구에서 작성한 것을 게임 엔진으로 임포트해서 사용하는 방법입니다. 후자의 방법으로는 복잡한 형태의 대상을 만들 수 있지만 모델링 도구는 사용하기 어렵고 학습이나 모델 작성에 시간이 소요됩니다. 그래서 이 책에서는 프리미티브를 조합하는 방법으로 스테이지를 작성합니다.

스테이지를 만들 때 가장 먼저 3D 공간을 밝히기 위한 '라이트'를 추가합니다. 씬의 '+' 버튼으로 DirectionalLight3D 노드를 선택합니다. 라이트는 2개 이상 추가해도 좋습니다. 여기에서는 그림 4-6과 같이 (x: 0, y: 10, z: 10), (x: 0, y: 10, z: -10) 두 곳에 라이트를 작성합니다. 라이트 위치는 DirectionalLight3D 노드의 인스펙터에서 'Node3D → Transform → Translation' 값을 변경해서 조정할 수 있습니다. 그리고 'Node3D → Transform → Rotations' 값을 변경해 라이트 각도를 조정할 수 있으므로 어느 정도 -y 방향으로 향하도록 조정합니다. 그리고 DirectionalLight3D의 빛은 게임 공간을 균일하게 비추므로, 광원 위치는 관계없이 각도만 빛의 증감에 영향을 줍니다. 따라서 위치는 어디까지는 직관적으로 이해하기 쉽도록 하기 위해 조정하는 것이라 생각하기 바랍니다.

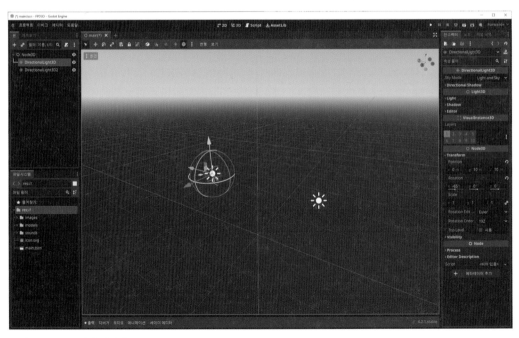

그림 4-6: 3D 공간에 배치한 DirectionalLight

계속해서 지면을 작성합니다. 지면 작성에 필요한 노드와 계층 구조 및 역할은 다음과 같습니다.

StaticBody3D	충돌 판정이나 물리 연산 등의 기능을 제공하고, 플레이어나 적 캐릭터가 지면을 걷도록 한다.
- CollisionShape3D	StaticBody3D에서 충돌 판정에 사용하는 형태를 규정한다.
- CSGBox3D	상자 형태의 메시를 제공하고 CollisionShape3D의 형태를 눈에 보이도록 한다.

씬의 '+' 버튼으로 StaticBody3D, CollisionShape3D, CSGBox3D 타입 노드를 추가합니다. 그리고 이들의 계층 구조도 위와 같이 설정합니다. 그림 4-7은 이 3가지 노드들을 추가한 상태의 에디터 화면입니다.

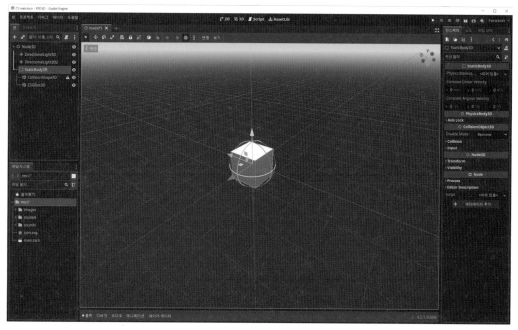

그림 4-7: 지면용 노드를 추가한 상태

CSGBox3D 노드를 추가하면 뷰 안에는 흰색 상자형 물체가 표시됩니다. 이 물체를 지면으로 사용하기 위해 씬 안의 StaticBody3D를 선택하고 노드 탭에서 '그룹'을 클릭하고 'navmesh' 그룹에 추가합니다. 그룹화 기능은 여러 노드에 같은 처리를 한꺼번에 수행할 때 사용합니다. 이 책에서 작성하는 FPS 게임 안에서는 '4.4.2 적을 자동으로 움직이기 위한 내비게이션 메시를 작성한다'에서 사용하는 '내비게이션'이라는 기능을 사용합니다. 그림 4-8은 StaticBody3D에 대해 그룹을 추가한 상태의 화면입니다.

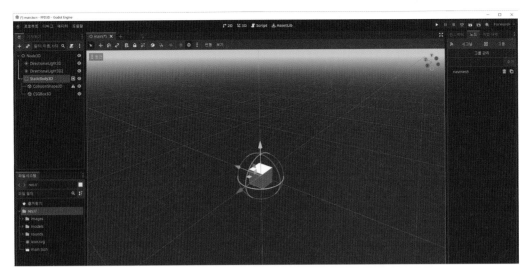

그림 4-8: StaticBody3D에 'navmesh' 그룹을 추가

지면의 크기를 크게 하려면 CSGBox3D 노드를 선택하고 인스펙터에서 'CSGBox3D → Size' 값을 변경합니다. 여기에서는 Size 값에 (x: 20, y: 1, z: 20)을 설정했습니다. 계속해서 인스펙터의 'CollisionShape3D → Shape' 항목에서 'V' 버튼을 클릭하고 '새 BoxShape3D'를 선택합니다. 만들어진 BoxShape3D의 형태는 지면의 형태와 맞지 않으므로 BoxShape3D 설정 항목에서 'Size' 값을 조정해 지면에 맞춥니다. 이제 지면의 형태에 따라 충돌을 감지할 수 있게 됩니다.

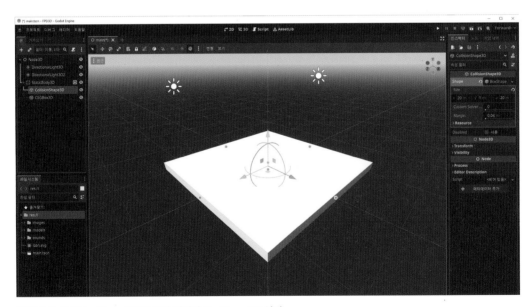

그림 4-9: CollisionShape(지면) 크기 변경과 BoxShape3D 설정

마지막으로 흰색 지면에 텍스처를 설정해 모양을 잡습니다. 그림 4-10(왼쪽)과 같이 CSGBox3D 노드를 선택하고 'CSGBox3D → Material → 새 StandardMaterial3D'를 선택합니다. 그러면 새로 StandardMaterial3D가 만들어지고 그림 4-10(오른쪽)과 같이 인스펙터에 흰색 구체가 표시됩니다.

그림 4-10: 새 StandardMaterial3D 작성(왼쪽)과 작성 후에 표시되는 흰색 구체(오른쪽)

표시된 흰색 구체를 클릭하면 그림 4-11과 같이 Material 설정 항목이 표시됩니다. 설정 항목 중에서 'Albedo → Texture → 불러오기'를 선택합니다. 텍스처 파일을 선택하는 창이 표시되면 `res://images/grass.png`를 선택합니다. 이제 그림 4-11과 같이 흰색이었던 지면에 텍스처가 반영됩니다.

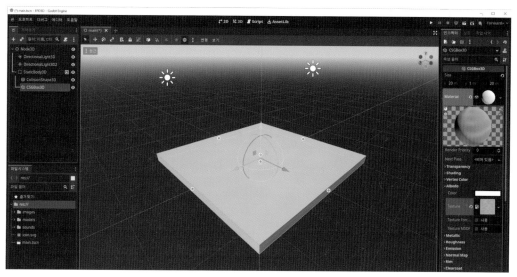

그림 4-11: 지면에 텍스처를 설정

마지막으로 'StaticBody3D'의 노드 이름을 알기 쉽게 'Ground'로 변경합니다. 이것으로 지면 작성을 완료했습니다.

4.2.3 스테이지에 벽과 장애물을 추가한다

4.2.2항에서는 스테이지의 지면을 작성했습니다. 하지만 지면만으로는 플레이어를 조작했을 때 지면 바깥으로 떨어질 수도 있습니다. 그래서 지면 바깥 쪽을 감싸도록 벽을 작성합니다. 사용하는 노드 타입과 작성 순서는 지면의 그것과 같습니다.

먼저 씬의 '+' 버튼으로 StaticBody3D, CollisionShape3D, CSGBox3D의 3개 노드를 추가합니다. 계층 구조도 지면의 그것과 같습니다. 그림 4-12는 노드 작성을 완료한 상태를 나타냅니다.

그림 4-12: 새 벽용 노드를 추가

작성한 StaticBody3D 노드를 선택하고 노드 탭 그룹에서 'navmesh' 그룹에 추가합니다. 계속해서 CSGBox3D 노드를 선택하고 'CSGBox3D → Size' 값을 변경해 벽의 크기를 조정합니다. 여기에서는 (x: 20, y: 4, z: 1)로 설정했습니다. 그리고 'CollisionShape3D → Shape → 새 BoxShape3D'를 선택해 충돌을 판정하기 위한 형태도 설정합니다.

벽의 위치 조정은 StaticBody3D 노드에서 수행합니다. 다시 StaticBody3D 노드를 선택하고 그림 4-13과 같이 'Node3D → Transform → Position' 값을 변경해 위치를 조정합니다. 여기에서는 (x: 0, y: 0, z: -10)으로 설정합니다.

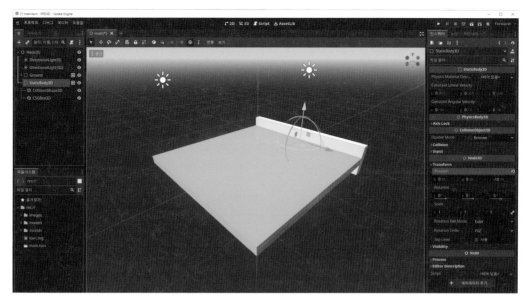

그림 4-13: 벽 작성

벽면에 텍스처를 추가하는 순서도 지면을 작성했을 때의 그것과 완전히 같습니다. CSGBox3D 노드를 선택하고 'CSGBox3D → Material → 새 StandardMaterial3D'를 클릭합니다. 작성된 StandardMaterial3D 설정 항목에서 'Albedo → Texture → 불러오기'를 선택하고 `res://images/stone.png`를 선택합니다. 이것으로 그림 4-14와 같이 벽면에 텍스처가 추가됩니다.

마지막으로 'StaticBody3D'라는 노드 이름을 알기 쉽게 'Wall1'로 변경합니다.

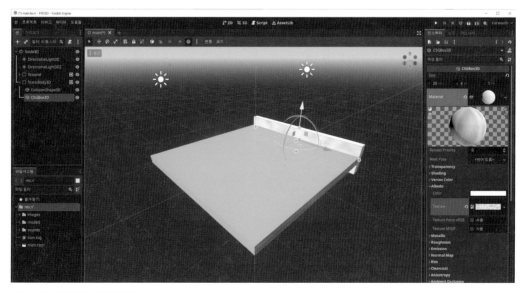

그림 4-14: 벽에 텍스처를 적용

작성한 Wall1 노드를 복제해서 지면을 감싸듯 나머지 3개의 벽을 배치합니다. Wall1 노드에서 마우스 오른쪽 버튼을 클릭하고 '복제'를 선택해 노드를 복제할 수 있습니다. Wall2, Wall3, Wall4 라는 3개의 벽을 작성하고 지면 주변으로 배치합니다.

벽을 회전시킬 때는 인스펙터의 'Node3D → Transform → Rotation'을 사용합니다. 회전 축을 y축으로 하면 되므로 Rotation의 y 값을 변경합니다. y 값을 90으로 설정하면 벽면을 90도 회전할 수 있습니다. 그림 4-15는 이 방법을 사용해 벽으로 지면을 감싼 형태를 나타냅니다.

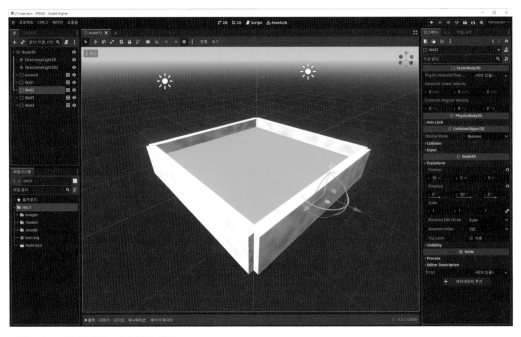

그림 4-15: 지면 주위의 4면에 벽을 배치

벽으로 둘러싼 영역 안에 장애물 등을 작성할 때도 지면이나 벽과 같은 순서로 작성합니다. 순서가 같으므로 책에서는 생략합니다. 스테이지 안에는 원하는 장애물을 배치하면 됩니다. 그림 4-16은 스테이지 안에 벽과 경사로 등을 추가한 상태를 나타냅니다. 벽돌 모양의 텍스처에는 res:// images/bricks.png를 사용했습니다.

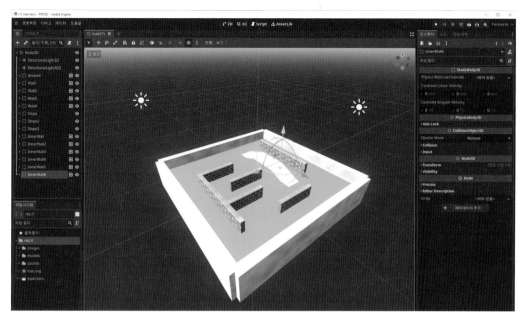

그림 4-16: 스테이지 안에 벽과 경사를 작성

이것으로 스테이지 작성을 완료했습니다. 스테이지를 구현하기 위해 많은 노드를 작성했습니다. 이후 개발을 쉽게 할 수 있도록 이것들을 하나의 노드에 모읍니다.

루트 노드인 'Node3D'를 선택하고 씬의 '+' 버튼을 클릭한 뒤 새 Node3D 타입 노드를 추가합니다. 라이트와 지면, 벽 등의 노드를 작성한 Node3D 노드의 자식 노드로 드래그 앤 드롭합니다. 그림 4-17과 같이 스테이지에 관련된 노드를 모아서 씬 안에 표시하지 않도록 할 수 있습니다.

그림 4-17: 스테이지를 구성하는 노드를 하나의 Node3D 노드의 자식 노드로 한 상태(왼쪽)과 Node3D 노드를 접어서 표시한 상태(오른쪽)

4.3.1 플레이어 노드를 만든다

이번 절에서는 3D 공간에서 움직이는 플레이어를 만듭니다. 플레이어 시점에서 진행하는 게임이므로 실제로는 플레이어의 캐릭터 외형은 만들지 않습니다. 플레이어가 가진 소총만 카메라에 비치도록 합니다.

플레이어를 구성하는 노드와 계층 구조, 역할은 각각 다음과 같습니다.

CharacterBody3D	플레이어를 지면에 따라 움직인다. 벽 등의 장애물에 대해 충돌을 판정하는 등의 기능을 제공한다.
- CollisionShape3D	CharacterBody3D에서 충돌 판정에 사용하는 형태를 규정한다.
- Rifle	소총 3D 모델. `res://models/rifle.obj`를 사용한다.
— Camera3D	게임을 실행할 때 플레이어의 시점 기준으로 영상을 제공한다.
— Marker3D	소총 발사 지점이 되는 좌표를 제공한다.

씬에서 '+' 버튼으로 그림 4-18과 같이 플레이어의 구성에 필요한 4개의 노드를 작성합니다. 단 Rifle 노드는 파일시스템 탭의 `res://models/rifle.obj`를 씬으로 드래그 앤 드롭해서 추가합니다.

그림 4-18: 플레이어를 구성하는 노드 추가

먼저 CollisionShape3D를 설정합니다. CollisionShape3D 노드를 선택하고 그림 4-19와 같이 인스펙터에서 'CollisionShape3D → Shape → 새 SphereShape3D'를 선택합니다. 작성된 구 형태는 플레이어와 지면 또는 플레이어와 벽면 및 적 캐릭터와의 충돌 판정에 사용됩니다.

그림 4-19: 플레이어의 충돌 판정용 SphereShape 작성

계속해서 플레이어가 공격에 사용하는 소총을 설정합니다. Rifle 노드를 선택하고 인스펙터의 'Node3D → Transform → Scale' 값을 변경해 소총 크기를 조정합니다. 그리고 'Transform → Translation' 값을 변경해 소총 위치를 조정합니다. 여기에서는 Scale을 (x: 0.005, y: 0.005, z: 0.005), Position을 (x: -0.5, y: 1, z: 0)으로 설정했습니다. 이 값들을 설정하면 그림 4-20과 같이 표시됩니다. 일시적으로 벽이나 지면 등의 객체를 표시하지 않았습니다.

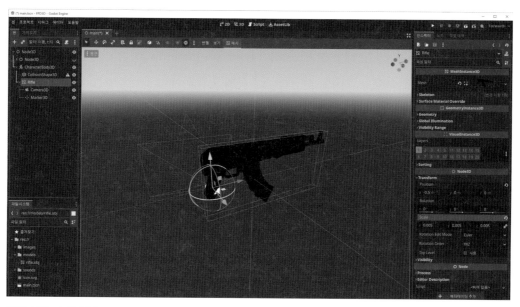

그림 4-20: 소총 설정

이후 단계에서는 소총에서 총탄을 발사할 수 있도록 합니다. 총할의 발사 지점이 되는 위치에 화살표 노드를 설정합니다. Marker3D 노드를 선택하고 인스펙터의 'Node3D → Transform → Position'에서 노드를 소총의 총구 근처까지 이동시킵니다. 여기에서는 (x: 330, y: 60, z: 0)으로 그림 4-21과 같이 Marker3D 노드의 위치를 설정했습니다. 이 Marker3D 노드의 좌표가 총탄을 발사할 때의 초기 위치가 됩니다.

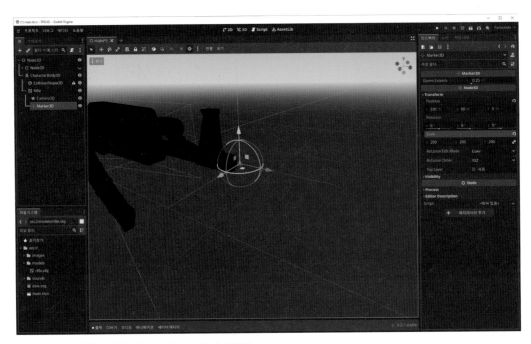

그림 4-21: 총탄 발사 지점에 Marker3D 노드를 설정한다

마지막으로 카메라 위치를 조정합니다. FPS 게임이므로 그림 4-22와 같이 소총의 앞쪽만 카메라에 비치도록 위치와 각도를 조정합니다. 카메라 위치는 Camera 노드를 선택하고 인스펙터의 'Node3D → Transform'에서 설정합니다. 여기에서는 Position을 (x: 170, y: 115, z: -20), Rotation를 (x: -5, y: -90, z: 0)으로 설정합니다. 뷰의 왼쪽 위에 표시되어 있는 '미리보기' 체크박스에 체크하면 카메라에 비친 영상을 표시할 수 있습니다.

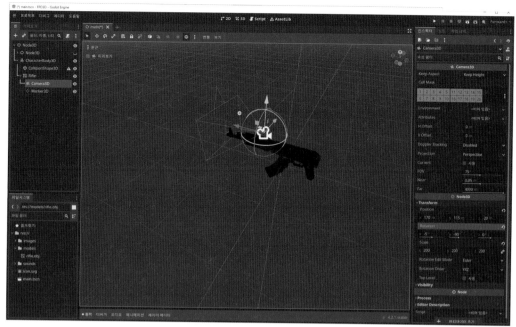

그림 4-22: 카메라 위치와 각도 설정

설정을 마쳤으므로 'CharacterBody3D' 노드 이름을 알기 쉽게 'Player'로 변경하고, 'Marker3D' 노드 이름을 'Muzzle'로 변경합니다. 이상으로 플레이어로 사용하는 노드 설정을 완료했습니다.

그림 4-23: 노드 이름을 변경한 뒤의 Player 노드

4.3.2 스크립트를 작성해 플레이어를 움직인다

여기에서는 플레이어를 조작하기 위한 스크립트를 작성합니다. Player 노드를 선택하고 인스펙터에서 'Node → Script → 새 스크립트'를 클릭합니다. 스크립트 이름을 입력하는 창이 표시되므로 Player.gd라는 이름으로 스크립트를 작성합니다.

Player.gd에는 다음 스크립트를 입력합니다.

스크립트 4-1: Player.gd 전후 좌우 이동과 점프, 시점 회전 스크립트

```
extends CharacterBody3D

# 중력의 크기
@export var gravity = 980
# 점프력
@export var jump_power = 500
# 이동 속도
@export var move_speed = 500
# 상하 좌우 방향의 회전 속도를 조정하기 위한 값
@export var mouse_sensitivity = 0.002
# 이동 방향과 속도를 저장하기 위한 변수
var move_velocity = Vector3(0,0,0)
# 시점을 회전시키기 위해 Rifle 노드를 취득한다
@onready var rifle = get_node("Rifle")


func _physics_process(delta):
 # 지면과 접촉했을 때 이동할 수 있게 한다
 if is_on_floor():
  move_velocity = Vector3(0,0,0)
  if Input.is_key_pressed(KEY_D):
      move_velocity += self.global_transform.basis.z
  elif Input.is_key_pressed(KEY_A):
      move_velocity += - self.global_transform.basis.z
  if Input.is_key_pressed(KEY_W):
      move_velocity += self.global_transform.basis.x
  elif Input.is_key_pressed(KEY_S):
```

```
        move_velocity += - self.global_transform.basis.x
    move_velocity = move_speed * move_velocity.normalized ()

    if Input.is_key_pressed(KEY_SPACE):
        move_velocity.y = jump_power

  move_velocity.y -= gravity * delta
  set_velocity(move_velocity * delta)
  set_up_direction(Vector3(0, 1, 0))
  move_and_slide()


func _input(event):
  # 마우스 이동량에 따라 시점을 회전시킨다
  if event is InputEventMouseMotion:
    self.rotate_y(-mouse_sensitivity*event.get_relative().x)
      rifle.rotate_object_local(Vector3(0,0,1), -mouse_sensitivity*event.get_
relative().y)

  # 상하 방향 시점의 회전은 45도로 제한한다
  if rifle.rotation.z > 0.25*PI:
    rifle.rotation.z = 0.25*PI
  elif rifle.rotation.z < -0.25*PI:
    rifle.rotation.z = -0.25*PI
```

스크립트 4-1에서 작성한 Player.gd 내부에서는 다음 처리를 수행합니다.

게임 중 반복해서 처리한다: _physics_process() 메서드

 → 플레이어가 지면에 접촉해 있음을 확인: if is_on_floor()

 → W, A, S, D 키 중 하나가 눌리면 해당 방향으로 이동량을 더한다

 → 스페이스 키가 눌리면 위쪽 방향(+y 방향)으로 이동량을 설정한다

 → 중력의 효과를 활성화하기 위해 아래쪽 방향(-y 방향)으로 이동량을 설정한다

 : move_velocity.y -= gravity * delta

 → 플레이어를 이동시킨다: move_and_slide()

마우스 입력을 감지한다: _input() 메서드

→ 마우스의 이동 이벤트임을 확인: if event is InputEventMouseMotion

→ 마우스의 이동량만큼 가로 방향으로 회전: self.rotate_y()

→ 마우스의 이동량만큼 소총만 상하 방향으로 회전: rifle.rotate_object_local()

스크립트를 입력했다면 게임을 실행해서 동작을 확인해 봅니다. 에디터 오른쪽 위의 플레이 버튼
(▶)을 클릭해 게임을 시작합니다. 첫 번째 실행 시에는 그림 4-24와 같이 '메인 씬을 정의하지 않
았습니다'라는 확인 화면이 표시되므로 '선택'을 클릭하고 main.tscn을 선택합니다.

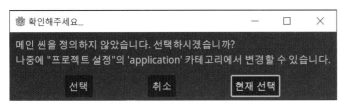

그림 4-24: 메인 씬 확인 화면

게임을 시작하고 예상대로 동작하는지 확인합니다. 확인할 점은 다음 5가지 항목입니다. 잘 동작
하지 않는 기능이 있다면 관련된 노드의 설정 또는 스크립트에 오류가 없는지 확인합니다.

① 플레이어가 지면에 착지할 수 있다.

② W키로 앞쪽, S키로 뒤쪽, A로 왼쪽, D키로 오른쪽으로 이동할 수 있다.

③ 마우스 상하 좌우 이동으로 시점을 회전할 수 있다.

④ 상하 방향의 시점 회전은 상하 모두 45도로 제한된다.

⑤ 스테이지 안의 벽면과 충돌하고 뚫고 나가지 않는다.

플레이어의 동작 확인을 완료했다면 마우스 설정을 약간 개선합니다. 현재 설정에서는 마우스의
커서(화살표 기호)가 화면에 표시되고 마우스를 움직이면 게임 화면 밖으로 이탈합니다. 이 상태
로는 마우스를 클릭했을 때 다른 애플리케이션 화면을 조작할 가능성이 있습니다. 그래서 마우스
커서를 표시하지 않도록 하는 설정을 추가합니다. 그리고 커서를 표시하지 않도록 설정했을 때도
게임을 종료할 수 있도록 Q키로 게임을 종료하는 기능을 추가합니다.

씬의 '+' 버튼으로 Node 타입 노드를 추가하고 'QuitGame'으로 이름을 변경합니다. 그리고
QuitGame 노드의 인스펙터에서 'Node → Script → 새 스크립트'를 선택하고 QuitGame.gd
라는 이름으로 스크립트를 작성합니다. QuitGame.gd에는 다음 스크립트를 입력합니다.

스크립트 4-2: QuitGame.gd 커서를 표시하지 않도록 하고 Q키로 게임을 종료하는 스크립트

```
extends Node


func _ready():
 # 게임 시작 시 커서를 표시하지 않게 한다
 Input.set_mouse_mode(Input.MOUSE_MODE_CAPTURED)
 self.process_mode = Node.PROCESS_MODE_ALWAYS


func _process(delta):
 # Q키를 누르면 게임을 종료한다
 if Input.is_key_pressed(KEY_Q):
  get_tree().quit()
```

QuitGame.gd를 작성했으므로 다시 게임을 실행해서 동작을 확인합니다. 확인할 점은 다음 2가지 항목입니다. 올바르게 동작하지 않을 때는 QuitGame.gd의 스크립트에 오류가 없는지 확인합니다.

① 마우스 커서가 표시되지 않는다.
② Q키 사용해 게임을 종료할 수 있다.

적 캐릭터를 작성하고 자동으로 움직인다

4.4.1 적 캐릭터 노드를 작성한다

4.4절에서는 게임 안에 적 캐릭터를 출현시키고 스테이지 위를 자동으로 돌아다니도록 합니다. 먼저 적 캐릭터가 되는 노드를 작성합니다. 적 캐릭터를 구성하는 요소와 각 요소의 역할은 다음과 같습니다.

RigidBody3D	소총의 총탄이나 플레이어와의 충돌 판정, 물리 연산을 수행한다.
- CollisionShape3D	RigidBody3D에서 충돌 판정에 사용하는 형태를 규정한다.
- CSGMesh3D	적 캐릭터용 텍스처를 적용하는 형태를 규정한다.

씬의 '+' 버튼으로 위와 같이 RigidBody3D, CollisionShape3D, CSGMesh3D의 3가지 노드를 추가하고 계층 구조를 만듭니다. 그림 4-25는 위의 3개 노드를 추가한 상태를 나타냅니다.

그림 4-25: 적 캐릭터용 노드를 추가한 상태

먼저 시각적으로 보기 쉽게 하기 위해 CSGMesh3D 노드를 선택하고 인스펙터에서 'CSGMesh3D → Mesh → 새 CapsuleMesh'를 선택합니다. 캡슐 형태의 메시가 작성되고 그림 4-26과 같이 나타납니다. 벽이나 지면 등의 객체는 표시되지 않도록 했습니다. 작성된 CapsuleMesh를 클릭하면 'Radius'와 'Height' 설정 항목이 표시되며, 적 캐릭터의 크기를 변경할 때 이 값들을 변경합니다. 여기에서는 Radius 값을 0.4, Height 값을 1.3으로 설정했습니다.

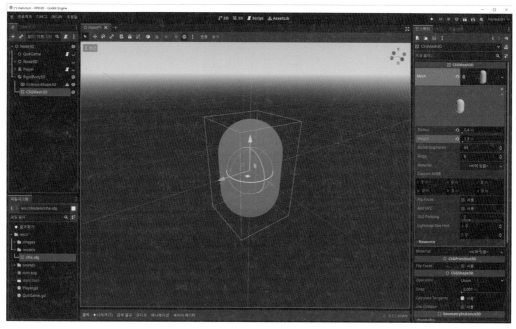

그림 4-26: 적 캐릭터용 메시를 추가했을 때의 표시

계속해서 그림 4-27(왼쪽)과 같이 'CSGMesh3D → Material → 새 StandardMaterial'을 선택하고 StandardMaterial을 작성합니다. 그림 4-27(오른쪽)과 같이 인스펙터에 흰색 구체가 표시됩니다. 이 흰색 구체에서 마우스 왼쪽 버튼을 클릭해 StandardMaterial 설정 화면을 엽니다. StandardMaterial 설정 항목에서 'Albedo → Texture → 불러오기'를 선택하고 `res://images/enemy.png` 이미지를 선택합니다. 캡슐 형태의 메시에 적 캐릭터의 텍스처가 적용됩니다.

그림 4-27: 적 캐릭터용 StandardMaterial(왼쪽)과 인스펙터에 표시된 흰색 구체(오른쪽)

적 캐릭터의 충돌을 판정하기 위해 CollisionShape3D 노드를 설정합니다. CollisionShape3D 노드의 인스펙터에서 'CollisionShape3D → Shape → 새 CapsuleShape3D'를 선택합니다. 작성된 CapsuleShape3D를 클릭하면 CapsuleMesh와 마찬가지로 'Radius'와 'Height' 설정 항목이 표시됩니다. 이 값들은 CapsuleMesh에서와 같은 값으로 변경합니다. 또한 RigidBody3D 노드의 원점과 적 캐릭터의 가장 아래 부분이 일치하도록 CollisionShape3D와 CSGMesh3D의 인스펙터에서 'Node3D → Transform → Position' 값을 (x: 0, y: 0.65, z: 0)으로 변경합니다.

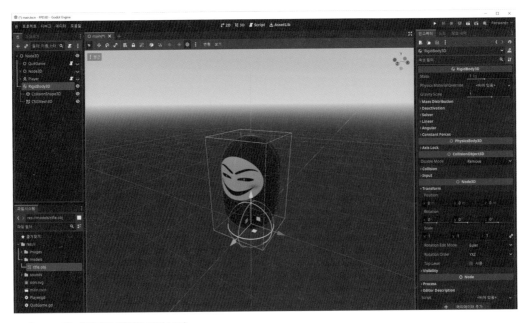

그림 4-28: 적 캐릭터를 설정한 뒤의 표시

현 시점에서 작성된 적 캐릭터는 에디터 화면에 표시된 1개뿐입니다. 이를 복제해서 숫자가 늘어났을 때도 어떤 노드가 적 캐릭터인지 식별할 수 있도록 RigidBody3D에 그룹을 추가합니다. RigidBody3D 노드를 선택하고 그림 4-29와 같이 노드 탭의 그룹에서 'enemy'를 추가합니다. 이것으로 적 캐릭터 설정을 완료했습니다. 알기 쉽도록 'RigidBody3D' 노드의 이름을 'Enemy'로 변경합니다.

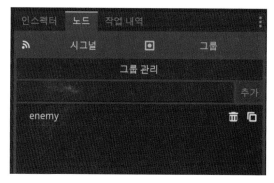

그림 4-29: 적 캐릭터인 RigidBody3D 노드에 그룹을 추가한다.

4.4.2 적을 자동으로 움직이기 위한 내비게이션 메시를 작성한다

여기에서는 적 캐릭터를 스테이지 위에서 자동으로 움직이기 위한 구조를 만듭니다. 캐릭터를 자동으로 움직이는 구조를 내비게이션Navigation이라 부릅니다. 내비게이션 기능을 사용해 스테이지 위를 움직이는 객체를 에이전트Agent라 부릅니다. 그리고 에이전트를 움직일 수 있는 영역을 내비게이션 메시Navigation Mesh라 부릅니다.

내비게이션 기능을 사용하기 위해 다음 구성과 계층 구조로 노드를 작성합니다. 그림 4-30은 노드를 추가했을 때의 씬 탭을 나타냅니다.

NavigationRegion3D	시작 지점과 골 지점에서 이동 경로를 계산하는 등의 내비게이션 기능을 제공한다. 에이전트가 이동할 수 있는 영역인 내비게이션 메시를 제공한다.

그림 4-30: 내비게이션에 사용하는 노드를 추가한 상태

내비게이션 메시를 작성하려면 NavigationRegion3D 노드를 선택하고 그림 4-31(왼쪽)과 같이 인스펙터에서 'NavigationRegion3D → NavigationMesh → 새 NavigationMesh'를 선택합니다. 작성된 NavigationMesh에서 마우스 왼쪽 버튼을 클릭하면 설정 항목이 표시됩니다. 여기에서 'Geometry → Parsed Geometry Type → Static Colliders'를 선택합니다. 그리고 'Geometry → Source Geometry Mode → Group With Children'을 선택하고, Source Group Name에 'navmesh'라고 입력합니다. 이 'navmesh'라는 이름의 그룹은 스테이지를 작성했을 때 지면과 벽에 설정한 그룹과 동일하게 합니다. 그리고 'Cells → Size' 값을 0.1, 'Cells → Height' 값을 0.01로 설정합니다. 그리고 'Agent → Height' 값을 1.3, 'Agent → Radius' 값을 0.4로 설정해서 적 캐릭터의 크기에 맞춥니다.

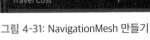

그림 4-31: NavigationMesh 만들기

마지막으로 메시를 굽습니다[Bake]. NavigationRegion3D 노드를 선택한 상태에서 툴 바에 있는 'Bake NavigationMesh' 버튼을 클릭합니다. 그림 4-32와 같이 내비게이션 메시가 만들어지고 에이전트가 이동할 수 있는 영역이 옅은 녹색으로 표시됩니다.

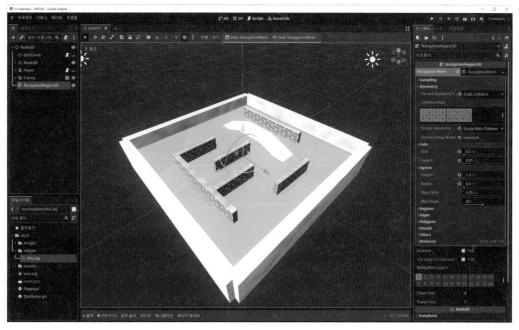

그림 4-32: 구워서 만든 내비게이션 메시

4.4.3 스크립트를 작성해 적 캐릭터를 움직인다

내비게이션 메시를 작성했다고 적 캐릭터를 자동으로 움직일 수 있는 것은 아닙니다. 시작 지점과 종료 지점으로부터 이동 경로를 계산하고, 실제로 적 캐릭터를 움직이는 것은 스크립트에서 수행합니다. 이동시킬 때의 목적지를 플레이어의 좌표로 설정함으로써 플레이어를 쫓아오면서 움직이게 할 수 있습니다.

Enemy 노드를 선택하고 인스펙터에서 'Node → Script → 새 스크립트'를 클릭합니다. 스크립트 이름을 입력하는 창이 표시되면 Enemy.gd로 스크립트를 작성합니다. Enemy.gd에는 스크립트 4-3과 같이 입력합니다

스크립트 4-3: Enemy.gd 적 캐릭터를 자동으로 움직이는 스크립트

```gdscript
extends RigidBody3D

# 적 캐릭터의 이동 속도를 설정한다
const SPEED = 0.5
# 적 캐릭터의 이동 경로를 저장한다
var path = []
# 이동 경로의 재계산 간격을 세기 위한 변수
var count=0

@onready var map = get_world_3d().get_navigation_map()
@onready var player = get_node("/root/Node3D/Player")


func _ready():
 # 불필요한 회전을 억제한다
 self.gravity_scale = 0
 self.axis_lock_linear_x = true
 self.axis_lock_linear_y = true
 self.axis_lock_linear_z = true
 self.axis_lock_angular_x = true
 self.axis_lock_angular_y = true
 self.axis_lock_angular_z = true
 # 다른 객체와의 충돌 감지를 동시 3개까지 활성화한다
 self.contact_monitor = true
 self.max_contacts_reported = 3
 # 플레이어까지의 이동 경로를 취득한다
 path = NavigationServer3D.map_get_path(map,self.position, player.position, true)


func _physics_process(delta):
 count += 1
 if count > 5:
  # 5번에 1번 빈도로 이동 경로를 재취득한다
      path = NavigationServer3D.map_get_path(map,self.position, player.position,
```

```
  true)
      count = 0

  if path.size() > 0:
      # 이동 방향과 이동량을 계산한다
      var step_size = delta * SPEED
      var destination = path[0]
      var direction = destination - self.position

      # 이동량보다 목적지가 가까우면 목적지에 도달한 것으로 판단한다
      if step_size > direction.length():
          path.remove_at(0)
          return

      # 이동 방향을 향해 이동한다
      self.look_at(self.position - direction)
      self.position += direction.normalized() * step_size
```

스크립트 4-3에서 작성한 **Enemy.gd** 스크립트 안에서 수행하는 처리는 다음과 같습니다.

적 캐릭터를 초기화한다: ready() 메서드

  → 중력을 비활성화한다: self.gravity_scale = 0

  → x(,y,z) 축 방향으로 불필요한 평행 이동을 억제한다: self.axis_lock_linear_x = true

  → x(,y,z) 축 방향으로 불필요한 회전을 억제한다: self.axis_lock_angular_x = true

  → 플레이어까지의 이동 경로를 초기화한다: path = NavigationServer3D.map_get_
  path(map,self.position, player.position, true)

게임 중 반복해서 처리한다: _physics_process() 메서드

  → 5번에 1번의 빈도로 경로를 재취득한다: path = nav.NavigationServer3D.map_get_
  path(map,self.position, player.position, true)

  → 이동량을 계산한다: var step_size = delta * SPEED

  → 이동 방향을 계산한다: var direction = destination - self.position

  → 이동량보다 목적지가 가까우면 해당 목적지를 삭제한다: path.remove_at(0)

  → 캐릭터를 이동 방향으로 향한다: self.look_at(self.position - direction)

  → 이동량 x 이동 방향만큼 이동한다: self.position += direction.normalized() * step_
  size

스크립트를 작성했다면 게임을 실행하고 동작을 확인합니다. 확인할 점은 다음 3가지 항목입니다. 동작에 문제가 있다면 노드 설정이나 스크립트 입력 내용에 오류가 없는지 확인합니다.

① 적 캐릭터가 플레이어를 향해 이동한다.
② 적 캐릭터는 벽 등의 장애물을 피해서 이동한다.
③ 적 캐릭터의 얼굴 방향이 진행 방향으로 향한다.

올바르게 설정됐다면 그림 4-33과 같이 적 캐릭터가 플레이어를 향해 이동합니다.

그림 4-33: 적 캐릭터가 플레이어를 향해 이동하는 모습

4.4.4 적 캐릭터를 자동 생성한다

자동으로 적 캐릭터를 작성했지만 지금 상태에서는 게임 안에 적이 하나만 존재합니다. 다수의 적 캐릭터가 출현할 수 있도록 설정하고, 적 캐릭터를 자동 생성할 수 있도록 스크립트를 작성합니다.

적 캐릭터를 복제할 수 있도록 하기 위해 먼저 앞에서 작성한 Enemy 노드를 씬으로 변환합니다. Enemy 노드에서 마우스 오른쪽 버튼을 클릭하고 '가지를 씬으로 저장하기'을 선택합니다. 씬 이름은 enemy.tscn으로 하여 저장합니다. 그러면 파일시스템 탭 안에 enemy.tscn 파일이 작성되는 것을 확인할 수 있습니다. 씬 위에 표시되는 Enemy 노드는 필요하지 않으므로 다시 마우스 오른쪽 버튼을 클릭하고 '노드 삭제'를 선택해서 삭제합니다.

적 캐릭터를 자동 생성하기 위한 스크립트는 새로 작성하는 노드에 설정합니다. 씬의 '+' 버튼으로 새로 Node 타입 노드를 추가합니다. 알아보기 쉽도록 작성한 'Node' 노드의 이름은 'EnemyGenerator'로 변경합니다.

그림 4-34와 같이 EnemyGenerator 노드의 자식 노드로 'Marker3D' 노드를 몇 개 추가합니다. 추가하는 숫자는 임의로 결정합니다. 작성한 Marker3D 노드 출현 위치는 적 캐릭터를 생성했을 때의 초기 위치가 되므로, 노드의 인스펙터에서 'Node → Transform → Position' 값을 변경해 적 캐릭터를 생성할 위치에 배치합니다.

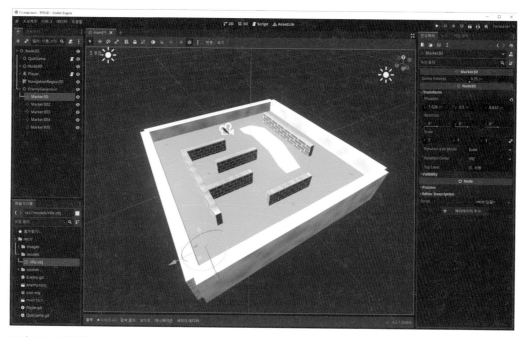

그림 4-34: 작성한 EnemyGenerator 노드와 Marker3D 노드

적 자동 생성 스크립트는 EnemyGenerator 노드에 설정합니다. EnemyGenerator 노드의 인스펙터에서 'Node → Script → 새 Script'를 선택하고 EnemyGenerator.gd라는 이름으로 스크립트를 작성합니다. EnemyGenerator.gd에는 스크립트 4-4와 같이 입력합니다.

스크립트 4-4: EnemyGenerator.gd 적 캐릭터 자동 생성 스크립트

```
extends Node
```

```
# Enemy 씬을 취득한다
var enemy = preload("res://enemy.tscn")
# Enemy를 작성할 위치(Marker3D 노드)를 취득한다
@onready var points = self.get_children()
# Enemy를 생성하는 간격(초)을 설정한다
@export var interval = 10


func _ready():
  var timer = Timer.new()
  timer.set_wait_time(interval)
  timer.set_one_shot(false)
  timer.connect("timeout", self.generate)
  add_child(timer)
  timer.start()


func generate():
  # Position3D에서 Enemy의 초기 위치를 무작위로 설정한다
  var random = RandomNumberGenerator.new()
  random.randomize()
  var i = random.randi_range(0, points.size()-1)
  # Enemy를 생성한다
  var new_enemy = enemy.instantiate()
  new_enemy.position = points[i].position
  get_node("/root").add_child(new_enemy)
```

스크립트 4-4의 **EnemyGenerator.gd**에서는 다음과 같은 처리를 합니다.

EnemyGenerator를 초기화한다: _ready()

→ 적을 생성하는 간격을 측정하기 위한 타이머를 작성한다: Timer.new()

→ 타이머 반복을 활성화한다: timer.set_one_shot(false)

→ 타이머가 0이 될 때마다 generate 메서드를 실행하도록 설정한다: timer.connect("timeout", self, "generate")

→ 타이머를 시작한다: timer.start()

적을 생성한다: generate() 메서드

→ 적 생성 위치를 무작위로 하기 위해 난수 생성기를 적용한다: RandomNumberGenerator.new()

→ 난수를 취득한다: random.randi_range(0, points.size()-1)

→ 적 캐릭터의 인스턴스를 작성한다: enemy.instance()

→ 적 캐릭터의 초기 위치를 설정한다: new_enemy.translation = points[i].translation

→ 적 캐릭터를 게임 씬 안에 추가한다: get_node("/root").add_child(new_enemy)

스크립트 입력을 완료했다면 게임을 실행하고 동작을 확인합니다. 확인할 점은 다음 3가지 항목입니다. 잘 동작하지 않으면 EnemyGenerator.gd의 스크립트에 오류가 없는지 확인합니다.

① 스크립트 안의 interval 변수에 지정한 시간 간격으로 적 캐릭터를 자동으로 생성한다.

② 적 캐릭터는 Position3D 노드 중 하나에서 무작위로 출현한다.

③ 출현한 적 캐릭터는 모두 플레이어를 향해 이동한다.

올바르게 설정했다면 그림 4-35와 같이 여러 적 캐릭터가 플레이어를 향해 다가오는 모습을 확인할 수 있습니다. 동작을 확인했다면 적 캐릭터 작성은 완료입니다.

그림 4-35: 플레이어를 향해 다가오는 적 캐릭터

플레이어의 공격과 대미지를 작성한다

4.5.1 소총을 발사한다

플레이어와 적 캐릭터를 작성했습니다. 4.5절에서는 플레이어의 공격과 대미지를 작성합니다. 먼저 공격입니다. 플레이어가 소총을 발사할 수 있도록 합니다.

총탄의 구성, 계층 구조, 각 노드의 역할은 다음과 같습니다.

RigidBody3D	충돌 등의 물리 연산 기능을 제공한다. 총탄에 순간적으로 힘을 가해 앞쪽 방향으로 발생한다.
- CollisionShape3D	총탄과 다른 객체와의 충돌을 감지하기 위한 형태를 규정한다.
- CSGSphere3D	게임을 실행했을 때 총탄이 보이도록 구체 메시를 제공한다.

씬에서 '+' 버튼으로 그림 4-36(왼쪽)과 같이 총탄의 구성에 필요한 3가지 노드를 작성합니다. 추가한 'RigidBody3D' 노드는 알기 쉽도록 이름을 'Bullet'으로 변경합니다. 그림 4-36(오른쪽)은 이름을 변경한 상태를 나타냅니다.

 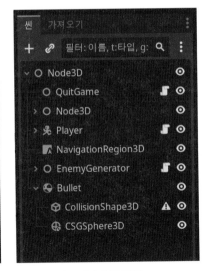

그림 4-36: 총탄용으로 만든 노드(왼쪽)과 RigidBody3D 이름 변경 후(오른쪽)

다음으로 충돌 감지의 형태를 결정하기 위해 CollisionShape3D 노드를 선택하고 인스펙터에서 'CollisionShape3D → Shape → 새 SphereShape3D'를 선택합니다. 그리고 작성된 SphereShape3D를 클릭하고 표시된 설정 항목의 Radius 값을 조정해 총탄의 크기를 결정합니다. 여기에서는 Radius를 0.02로 설정합니다. 마찬가지로 CSGSphere3D 인스펙터에서 'CSGSphere3D → Radius' 값을 0.02로 설정합니다. 그림 4-3은 소총 크기에 맞춰 총탄 크기를 조정한 형태를 나타냅니다.

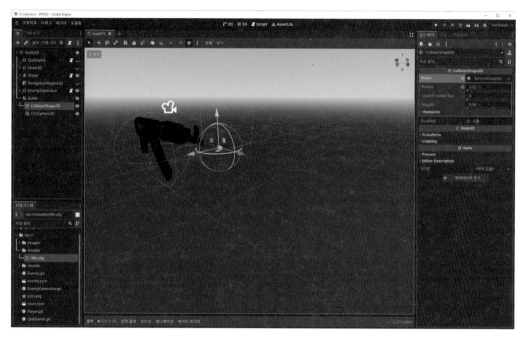

그림 4-37: 소총 크기에 맞춰 총탄 크기를 조정

Bullet 노드 설정을 완료했으므로 총탄을 날려 보내기 위한 스크립트를 작성합니다. Bullet 노드를 선택하고 'Node → Script → 새 스크립트'에서 `Bullet.gd`라는 이름으로 새 스크립트를 작성합니다.

`Bullet.gd`에는 다음과 같이 입력합니다.

스크립트 4-5: Bullet.gd 총탄을 날려 보내는 스크립트

```
extends RigidBody3D

# 총탄을 날려 보내는 힘
var power = 2000
```

```gdscript
func _ready():
  # 중력의 영향을 비활성화한다
  self.gravity_scale = 0
  # 충돌 감지를 활성화한다
  self.contact_monitor = true
  self.max_contacts_reported = 1

  # 총탄이 계속해서 남지 않게 0.5초 후 삭제한다
  var timer = Timer.new()
  self.add_child(timer)
  timer.connect("timeout", self.queue_free)
  timer.set_wait_time(0.5)
  timer.start()

  # 힘을 가해 총탄을 발사한다
  add_constant_central_force(power * global_transform.basis.z)


func _on_Bullet_body_entered(body):
  if body.name == "Player":
    # Player 자신에게 충돌했을 때는 아무것도 하지 않는다
    return

  for g in body.get_groups():
    if g == "enemy":
        # 적에게 충돌했을 때의 처리
        pass
    else:
        # 적 이외의 객체에 충돌했을 때의 처리
        pass

  # 총탄을 삭제한다
  self.queue_free()
```

스크립트 4-5의 Bullet.gd에서는 다음과 같은 처리를 합니다.

총탄을 초기화한다: _ready() 메서드

→ 탄도를 직선으로 하기 위해 중력의 효과를 비활성화한다: self.gravity_scale = 0

→ 다른 객체와의 충돌 감지를 활성화한다: self.contact_monitor = true

→ 총탄이 게임 안에 계속해서 남아 있지 않도록 삭제용 타이머를 작성한다: Timer.new()

→ 타이머의 시간이 O이 되면 총탄을 삭제한다: timer.connect("timeout", self.queue_free)

→ 구(총탄)에 힘을 더해 발사한다: add_central_force(power * global_transform.basis.z)

총탄이 다른 객체에 충돌했을 때의 처리를 수행한다: _on_Bullet_body_entered() 메서드

→ 총탄이 충돌한 대상이 Player 자신이면 아무것도 하지 않는다: if body.name == "Player"

→ 충돌한 상태가 속한 그룹을 확인한다(일시적인 구현이며 구체적인 처리 대신 pass로 입력): for g in body.get_groups()

→ 총탄을 게임 씬 안에서 삭제한다: self.queue_free()

스크립트를 작성했다면 다른 객체와 충돌했을 때 처리를 실행할 수 있도록 시그널을 설정합니다. Bullet 노드를 선택하고 그림 4-38과 같이 노드 탭의 시그널에서 body_entered(body:Node)를 더블 클릭합니다. 그림 4-39와 같이 메서드 선택 화면이 표시됩니다. 'Bullet(연결 시작 지점)'을 선택하고 수신측 메서드 이름에 _on_Bullet_body_entered를 지정하고 '연결' 버튼을 클릭합니다.

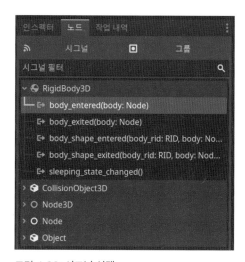

그림 4-38: 시그널 선택

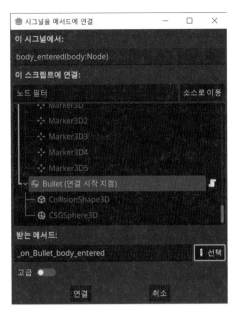

그림 4-39: 메서드에 시그널을 연결

이상으로 총탄의 설정은 완료했습니다. 적 캐릭터와 마찬가지로 총탄도 복제할 수 있도록 씬으로 저장합니다. Bullet 노드에서 마우스 오른쪽 버튼을 클릭하고 '가지를 씬으로 저장하기'를 선택한 뒤 bullet.tscn이라는 이름으로 저장합니다. 저장한 뒤에는 씬에 표시된 Bullet 노드는 필요하지 않으므로, 마우스 오른쪽 버튼을 클릭한 뒤 '노드 삭제'를 선택해 삭제합니다.

마우스를 클릭했을 때 총탄을 발사하는 스크립트는 Player.gd에 작성합니다. Player.gd를 열고 스크립트 4-6과 같이 행을 추가합니다.

스크립트 4-6: Player.gd 총탄 발사 스크립트

```
...생략...


# 총탄을 취득한다
var bullet = preload("res://bullet.tscn")
# 총탄의 발사점이 되는 Muzzle 노드를 취득한다
@onready var muzzle = get_node("Rifle/Muzzle")


...생략...
```

```
func _input(event):
  ...생략...

  if event is InputEventMouseButton:
   if event.pressed and event.button_index == MOUSE_BUTTON_LEFT:
      # 마우스 왼쪽 버튼 클릭으로 총탄을 발사한다
      var newBullet = bullet.instantiate()
      newBullet.look_at_from_position(muzzle.global_transform.origin,
        muzzle.global_transform.origin - muzzle.global_transform.basis.x)
    get_node("/root").add_child(newBullet)
```

스크립트 4-6의 **Player.gd**에서는 다음 처리를 수행합니다.

입력 이벤트를 감지했을 때 실행한다: _input() 메서드

  → 마우스 입력 이벤트인지 확인한다: if event is InputEventMouseButton

  → 마우스 왼쪽 버튼이 눌렸는지 확인한다: if event.pressed and event.button_index ==
MOUSE_BUTTON_LEFT

  → 총탄 인스턴스를 작성한다: bullet.instantiate()

  → 작성한 총탄 인스턴스를 게임 씬 안에 추가한다: get_node("/root").add_child(newBullet)

스크립트를 추가했으므로 동작을 확인합니다. 확인할 점은 다음 3가지 항목입니다. 올바르게 동작하지 않는다면 노드 설정이나 스크립트에 오류가 없는지 확인합니다.

① 마우스 왼쪽 버튼을 클릭하면 소총 앞에서 총탄이 앞쪽으로 발사된다.

② 총탄은 여러 차례 반복해서 발사할 수 있다.

③ 벽이나 적 캐릭터에 충돌한 총탄은 사라진다.

올바르게 총탄을 작성하면 그림 4-40과 같이 총탄을 발사할 수 있게 됩니다.

그림 4-40: 총탄 발사 확인

4.5.2 적 캐릭터에 대미지를 입힌다

총탄이 적 캐릭터에 맞았을 때 대미지를 주도록 만듭니다. 적 캐릭터에 HP를 설정해야 하므로 Enemy.gd를 열고 스크립트 끝에 다음 행을 추가합니다. 여기에서는 적 캐릭터의 HP를 설정하고 HP가 0 이하가 되면 게임 씬에서 삭제하는 처리를 추가합니다.

스크립트 4-7: Enemy.gd 적 HP 작성

```
...생략...

# 적 캐릭터의 HP
@export var hp = 10


func _process(delta):
  if self.hp <= 0:
    self.queue_free()
```

그리고 `Bullet.gd` 스크립트 내부의 '적에게 충돌했을 때의 처리' 위치에 적의 HP를 줄이도록 스크립트 4-8의 내용을 입력합니다.

스크립트 4-8: Bullet.gd 적에게 충돌했을 때 적의 HP를 줄인다

```
...생략...

for g in body.get_groups():
  if g == "enemy":
        # 적에게 충돌했을 때의 처리
        body.hp -= 1
... 생략...
```

스크립트 추가를 완료했다면 동작을 확인합니다. 확인할 점은 다음 1가지 항목입니다.

① 적 캐릭터를 향해 총탄을 발사해 10번 명중하면 적 캐릭터가 사라진다.

4.5.3 플레이어에 대미지를 입힌다

적 캐릭터와 마찬가지로 플레이어에게도 대미지 처리를 추가합니다. 적 캐릭터가 플레이어에게 접촉했을 때 플레이어에게 대미지를 입히도록 구현합니다.

`Player.gd`를 열고 스크립트 4-9와 같이 입력해 플레이어에 HP를 추가합니다.

스크립트 4-9: Player.gd 플레이어에 HP를 추가

```
...생략...

# 플레이어의 HP
var hp = 100


func _physics_process(delta):
  ...생략...
```

적 캐릭터에는 플레이어와 접촉한 것을 감지하고 플레이어에 대미지를 주도록 스크립트를 추가합니다. 파일시스템 탭에서 `res://enemy.tscn`을 더블 클릭해 enemy 씬을 표시합니다. 표시된 씬 안에서 Enemy 노드를 선택하고 'Node → 시그널'에서 `body_entered(body:Node)`를 더블 클릭합니다.

그림 4-41과 같이 메서드에 시그널을 연결하기 위한 창이 표시되므로, 여기에서 'Enemy(연결 시작 지점)'을 선택하고 수신측 메서드 이름에 `_on_enemy_body_entered`를 입력한 뒤 '연결' 버튼을 클릭합니다.

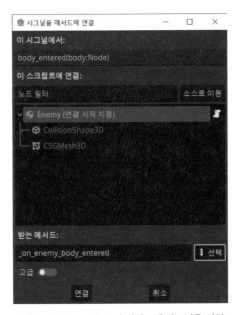

그림 4-41: Enemy 노드의 메서드에 시그널을 연결

설정을 완료하면 그림 4-42와 같이 표시됩니다.

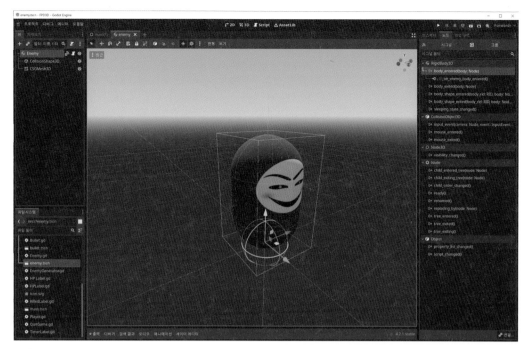

그림 4-42: 시그널 설정을 완료한 상태의 화면

Enemy.gd를 열고 스크립트 4-10의 내용을 추가합니다. 스크립트 4-10에서는 적 캐릭터가 플레이어에게 충돌했을 때 플레이어의 HP를 -10 감소시킵니다.

스크립트 4-10: Enemy.gd 좌우 이동과 점프 기능(플레이어와 충돌 시 플레이어의 HP를 감소시킨다)

```
...생략...



func _on_Enemy_body_entered(body):
  if body.name == "Player":
    body.hp -= 10
```

이상으로 적 캐릭터가 플레이어와 접촉했을 때 플레이어에게 대미지를 주는 처리 설정을 완료했습니다. 여기에서 작성한 기능의 동작은 '4.7.2 게임 오버를 표시한다'에서 확인합니다. 파일시스템 탭에서 res://main.tscn을 더블 클릭하고 main 씬이 표시되도록 되돌립니다.

효과음을 입힌다

4.6.1 총탄 발사 및 명중 시 효과음을 낸다

플레이어가 소총의 총탄을 발사한 시점과 총탄이 적 캐릭터나 장애물에 맞은 시점에 효과음을 내도록 합니다. 효과음을 내기 위해서는 소리를 재생하기 위해 AudioStreamPlayer라 불리는 노드가 필요합니다.

씬의 '+' 버튼으로 그림 4-43(왼쪽)과 같이 AudioStreamPlayer 타입 노드를 추가합니다. 먼저 총탄을 발사했을 때의 소리를 설정하기 위해 추가한 AudioStreamPlayer 노드 이름을 'GunShotAudio'로 변경합니다.

그림 4-43: AudioStreamPlayer 추가(왼쪽)과 이름 변경 후(오른쪽)

작성한 GunShotAudio 노드를 선택하고 인스펙터에서 'AudioStreamPlayer → Stream → 불러오기'를 선택합니다. 파일 선택 화면이 나타나면 `res://sounds/gun_shot.wav`를 선택합니다. 이제 그림 4-44와 같이 GunShotAudio 노드에 소리가 추가됩니다.

그림 4-44: Stream에 gun_shot.wav를 설정한 상태

같은 순서로 새로운 AudioStreamPlayer를 2개 작성하고 각각의 이름을 'HitEnemyAudio', 'HitObstacleAudio'로 합니다. 각 Stream에 `res://sounds/hit_enemy.wav`, `res://sounds/hit_obstacle.wav`를 설정합니다. 설정을 완료하면 그림 4-45와 같이 3개의 오디오가 만들어집니다.

그림 4-45: 작성한 3개의 AudioStreamPlayer

총탄을 발사했을 때는 GunShotAudio 노드에 설정한 소리를 재생하며, 소리 재생은 Player.
gd 스크립트에서 수행합니다. Player.gd를 열고 스크립트 4-11을 추가합니다.

스크립트 4-11: Player.gd 총탄을 발사할 때 소리를 재생

```
...생략...

# 소총을 발사할 때의 소리를 취득한다
@onready var gun_shot = get_node("/root/Node3D/GunShotAudio")

...생략...

func _physics_process(delta):
  ...생략...
  if event is InputEventMouseButton:
    if event.pressed and event.button_index == MOUSE_BUTTON_LEFT:
        ...생략...
        get_node("/root").add_child(newBullet)
        gun_shot.play()

...생략...
```

스크립트 4-11에는 다음 처리를 추가했습니다.

마우스 입력이 있는지 확인한다: if event is InputEventMouseButton
  → **마우스 왼쪽 버튼이 클릭됐는지 확인한다**: if event.pressed and event.button_index ==
MOUSE_BUTTON_LEFT
  → **총탄 발사 시의 소리를 재생한다**: gun_shot.play()

적 캐릭터나 벽 등의 장애물에 총탄이 맞았을 때의 소리는 Bullet.gd에서 재생합니다. Bullet.
gd를 열고 스크립트 4-12와 같이 입력합니다.

스크립트 4-12: Bullet.gd 명중했을 때 소리를 재생

```
...생략...

# 총탄이 맞았을 때의 소리를 취득한다
```

```
@onready var hit_enemy = get_node("/root/Node3D/HitEnemyAudio")
@onready var hit_obstacle = get_node("/root/Node3D/HitObstacleAudio")

...생략...

func _on_Bullet_body_entered(body):
 ...생략...

 for g in body.get_groups():
  if g == "enemy":
       # 적에게 충돌했을 때의 처리
       body.hp -= 1
       hit_enemy.play()
       break
  else:
       # 적 이외의 객체에 충돌했을 때의 처리
       hit_obstacle.play()
       break

...생략...
```

스크립트 4-12의 Bullet.gd에서는 다음을 처리합니다.

총탄이 객체에 충돌했을 때 실행한다: _on_Bullet_body_entered() 메서드

　→ 충돌한 대상이 enemy인지 확인한다. if g == "enemy"

　→ enemy 그룹이면 적에게 충돌했을 때의 소리를 재생한다: hit_enemy.play()

　→ enemy 그룹이 아니면 장애물에 충돌했을 때의 소리를 재생한다: hit_obstacle.play()

이상으로 효과음 설정을 완료했습니다. 이제 게임을 실행하고 동작을 확인합니다. 확인할 점은 다음 3가지 항목입니다. 올바르게 동작하지 않는다면 AudioStreamPlayer의 설정이나 스크립트 내용에 오류가 없는지 확인합니다.

① 총탄을 발사했을 때 gun_shot.wav의 소리가 재생된다.

② 총탄이 적에게 맞았을 때 hit_enemy.wav의 소리가 재생된다.

③ 총탄이 벽 등의 장애물에 맞았을 때 hit_obstacle.wav의 소리가 재생된다.

4.7.1 타이머를 표시한다

이 책에서 작성하는 FPS 게임은 제한 시간을 건다는 규칙을 설정했습니다. 따라서 제한 시간이 경과하면 게임을 종료하는 구조를 작성합니다.

제한 시간 기능을 구현하기 위해서는 타이머 기능을 사용합니다. 사용하는 노드와 계층 구조, 각각의 역할은 다음과 같습니다.

Timer	게임 시간을 카운트다운하는 타이머 기능을 제공한다.
Label	타이머 값(남은 시간)을 화면에 표시한다.
Timeout	타임 아웃 시 'Timeout' 문자를 표시하는 스프라이트. 에셋 안의 `timeout.png`를 사용한다.

그림 4-46(왼쪽)과 같이 씬의 '+' 버튼으로 Timer와 Label 타입 노드를 추가합니다. 추가한 'Label' 노드의 이름은 그림 4-46(오른쪽)과 같이 'TimerLabel'로 변경합니다.

그림 4-46: 작성한 Timer와 Label 노드(왼쪽)과 이름 변경 후(오른쪽)

TimerLabel 노드를 선택하고 인스펙터의 'Label → Text'에 임시 문자로 'Time 3:00'을 입력합니다. 그리고 기본 설정에서 문자의 크기가 작으므로 문자 크기를 변경합니다. 'Label → LabelSettings → 새 LabelSettings'를 선택하고 작성된 LabelSettings에서 마우스 왼쪽 버튼을 클릭한 뒤 표시되는 항목에서 'Font → Size' 값을 변경합니다. 여기에서는 Size를 30px로 설정했습니다. 그림 4-47은 TimerLabel 설정을 마친 화면입니다.

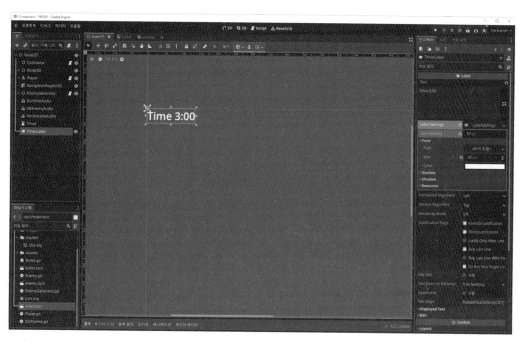

그림 4-47: TimerLabel 설정

계속해서 그림 4-48과 같이 파일시스템 탭에서 `res://images/timeout.png` 이미지를 드래그 앤 드롭해서 뷰 안에 배치합니다. Sprite 타입의 Timeout 노드가 씬에 추가됩니다. Timeout 노드의 인스펙터에서 'Node2D → Transform → Position' 값을 변경해 스프라이트가 화면(뷰 안에 표시되어 있는 파란색 프레임')의 중심 부근에 위치하도록 조정합니다.

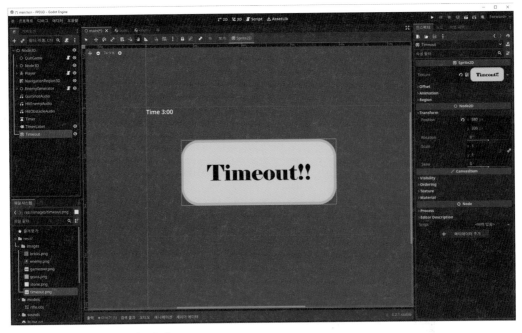

그림 4-48: Timeout 스프라이트 추가

제한 시간 경과 직후에 게임을 종료하고 Timeout 스프라이트를 표시하기 위한 스크립트를 작성합니다. TimerLabel 노드를 선택하고 'Node → Script → 새 스크립트'를 선택한 뒤 TimeLabel.gd라는 이름으로 스크립트를 작성합니다. TimerLabel.gd에는 스크립트 4-13과 같이 입력합니다.

스크립트 4-13: TimerLabel.gd 제한 시간 기능을 구현한 스크립트

```
extends Label


var fmt = "TIME %02d:%02d"
var time = 3*60


@onready var timer = get_node("/root/Node3D/Timer")
@onready var timeout_sprite = get_node("/root/Node3D/Timeout")


func _ready():
  timeout_sprite.visible = false
  timer.set_wait_time(time)
```

```
    timer.set_one_shot(true)
    timer.start()


  func _process(delta):
    var minute = int(timer.time_left/60.0)
    var second = int(timer.time_left) % 60
    self.text = fmt % [minute, second]

    if timer.time_left <= 0:
      timeout_sprite.visible = true
      get_tree().paused = true
```

스크립트 4-13의 `TimerLabel.gd`에서는 다음을 처리합니다.

제한 시간 기능을 초기화한다: _ready() 메서드

> → 타임아웃 스프라이트를 표시하지 않도록 한다: `timeout_sprite.visible = false`

> → 타이머 시간을 설정한다: `timer.set_wait_time(time)`

> → 타이머를 시작한다: `timer.start()`

게임 실행 중에 반복 처리한다: _process() 메서드

> → TimeoutLabel에 남은 시간을 설정한다: `self.text = fmt % [minute, second]`

> → 남은 시간이 0 이하인지 확인한다: `if timer.time_left <= 0`

> → 0 이하이면 TimeoutLabel을 표시한다: `timeout_sprite.visible = true`

> → 게임을 정지한다: `get_tree().paused = true`

스크립트 작성을 완료했다면 게임을 실행하고 동작을 확인합니다. 확인할 점은 다음 2가지 항목입니다.

① 화면 왼쪽 위에 제한 시간이 표시되고 카운트다운된다.
② 제한 시간이 0초가 됐을 때 게임이 종료되고 Timeout 스프라이트가 표시된다.

올바르게 작동하면 그림 4-49와 같은 화면이 표시됩니다.

그림 4-49: 제한 시간 동작 확인

4.7.2 게임 오버를 표시한다

'4.5.3 플레이어에 대미지를 입힌다'에서는 플레이어의 HP를 작성했습니다. 여기에서는 플레이어의 HP가 0이 됐을 때 게임 오버 알림 화면을 표시하도록 합니다. 사용하는 노드와 계층 구조는 다음과 같습니다.

Label	플레이어의 남은 HP를 화면에 표시한다.
Gameover	플레이어의 HP가 0이 됐을 때 'Gameover' 문자를 표시하는 스프라이트. 에셋 안의 gameover.png를 사용한다.

타이머와 마찬가지로 씬의 '+' 버튼으로 Label 타입의 노드를 추가합니다. 'Label' 노드의 이름을 'HPLabel'로 변경합니다. HPLabel 노드의 인스펙터에서 'Label → Text' 항목에 임시로 'HP 100'이라고 입력합니다. TimerLabel과 마찬가지로 'Label → LabelSettings → 새 LabelSettings'를 선택하고 작성된 LabelSettings에서 마우스 왼쪽 버튼을 클릭하면 표시되는 설정 항목에서 'Font → Size' 값을 변경해 문자 크기를 조정합니다. 그리고 HPLabel이 TimerLabel과 겹치지 않도록 위치를 조정합니다.

계속해서 파일시스템 탭에서 `res://images/gameover.png`를 뷰 안으로 드래그 앤 드롭합니다.

그림 4-50과 같이 Sprite 타입의 Gameover 노드가 씬 안에 추가됩니다.

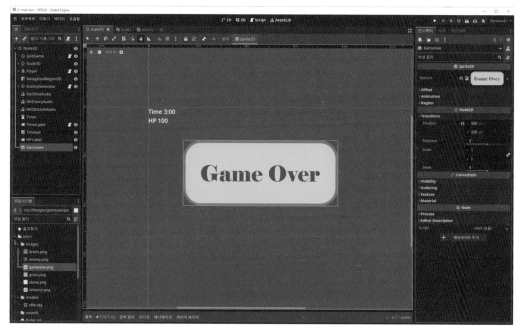

그림 4-50: HPLabel 설정과 Gameover 스프라이트 추가

플레이어의 HP가 0이 된 시점에 게임 오버가 되도록 하기 위한 스크립트를 작성합니다. 다시 HPLabel 노드를 선택하고 인스펙터의 'Node → Script → 새 Script'에서 HPLabel.gd라는 이름으로 스크립트를 작성합니다.

HPLabel.gd에는 스크립트 4-14의 내용을 입력합니다.

스크립트 4-14: HPLabel.gd 플레이어의 HP와 게임 오버를 표시하는 스크립트

```
extends Label

var fmt = "HP %d"
@onready var player = get_node("/root/Node3D/Player")
@onready var gameover_sprite = get_node("/root/Node3D/Gameover")


func _ready():
  gameover_sprite.visible = false
```

```
func _process(delta):
  var hp = player.hp
  self.text = fmt % hp


  if hp <= 0:
    gameover_sprite.visible = true
    get_tree().paused = true
```

스크립트 4-14의 **HPLabel.gd**에서는 다음을 처리합니다.

HPLabel을 초기화한다: _ready() 메서드

  → 게임 시작 시 'Gameover' 스프라이트를 표시하지 않도록 한다: gameover_sprite.visible = false

플레이어의 HP를 변수 hp에 저장한다: var hp = player.hp

  → HPLabel의 텍스트에 플레이어의 HP를 설정한다: self.text = fmt % hp

플레이어의 HP가 0 이하인지 확인한다: if hp <= 0

  → 0 이하이면 'Gameover' 스프라이트를 표시한다: gameover_sprite.visible = true

  → 게임을 정지한다: get_tree().paused = true

스크립트 입력을 완료했다면 게임을 실행하고 동작을 확인합니다. 다음 2가지 항목을 확인합니다. 올바르게 동작하지 않을 때는 각 노드의 설정이나 스크립트 내용에 오류가 없는지 확인합니다. HP가 줄어들지 않는다면 '4.5.3 플레이어에 대미지를 입힌다'에서의 설정이나 스크립트가 올바르게 동작하지 않을 가능성이 있습니다.

① 플레이어가 적과 접촉하면 HP가 줄어든다.
② HP가 0이 됐을 때 게임이 종료되고 Gameover 스프라이트가 표시된다.

설정이 올바르게 됐다면 그림 4-51과 같은 화면이 표시됩니다.

그림 4-51: 게임 오버 동작 확인

4.7.3 쓰러뜨린 적의 수를 표시한다

여기에서는 제한 시간 안에 쓰러뜨린 적의 수를 표시하도록 합니다. 사용하는 노드는 다음과 같습니다.

Label	쓰러뜨린 적의 수를 화면에 표시한다.

씬의 '+' 버튼으로 새 Label 타입 노드를 추가합니다. 추가된 'Label' 노드의 이름을 'KilledLabel'로 변경합니다. KilledLabel 노드를 선택하고 인스펙터에서 'Label → Text' 항목에 임시로 'Killed 0'을 입력합니다. 그리고 'Label → LabelSettings → 새 LabelSettings'를 선택하고 작성된 LabelSettings에서 마우스 왼쪽 버튼을 클릭하면 표시되는 설정 항목에서 'Font → Size' 값을 변경해 문자 크기를 조정합니다. 그리고 KilledLabel이 TimerLabel, HPLabel과 겹치지 않도록 위치를 조정합니다. 그림 4-52는 KilledLabel을 설정한 상태의 화면입니다.

그림 4-52: KilledLabel 설정

쓰러뜨린 적의 수를 표시하기 위한 스크립트를 작성합니다. KilledLabel 노드를 선택하고 인스펙터의 'Node → Script → 새 스크립트'에서 KilledLabel.gd라는 이름으로 스크립트를 작성합니다.

KilledLabel.gd에는 스크립트 4-15의 내용을 입력합니다. 이 스크립트에서는 killed 변수에 쓰러뜨린 적의 수를 저장하고 게임 화면에 표시합니다.

스크립트 4-15: KilledLabel.gd 쓰러뜨린 적의 수를 표시하는 스크립트

```
extends Label

var fmt = "Killed %d"
var killed = 0



func _process(delta):
  self.text = fmt % killed
```

Enemy.gd 스크립트를 열고 스크립트 4-16의 내용을 추가합니다.

스크립트 4-16: Enemy.gd 쓰러뜨린 적의 수를 처리한다

```
...생략...

# 쓰러뜨린 적의 수를 표시하는 라벨
@onready var killed_label = get_node("/root/Node3D/KilledLabel")

...생략...

func _process(delta):
  if self.hp <= 0:
    self.queue_free()
    killed_label.killed += 1
    self.queue_free()

...생략...
```

스크립트 4-16에서는 다음을 구현합니다.

스크립트를 적용한 적의 HP가 0 이하인지 확인한다: if self.hp <= 0:

→ 0 이하이면 쓰러뜨린 적의 수를 1 증가시킨다: killed_label.killed += 1

→ 적을 게임 씬에서 삭제한다: self.queue_free()

스크립트 작성을 완료했으므로 게임을 실행하고 동작을 확인합니다. 다음 1가지 항목을 확인합니다.

① 화면 왼쪽 위에 쓰러뜨린 적의 수가 표시된다.

올바르게 동작하면 그림 4-53과 같이 표시됩니다.

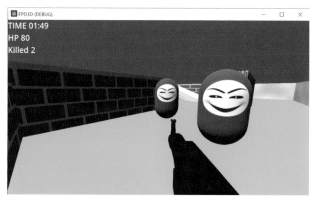

그림 **4-53**: 쓰러뜨린 적의 수를 표시

3D FPS 게임 동작을 확인한다

4.8.1 동작 확인

이상으로 3D FPS 게임 제작의 모든 순서를 완료했습니다. 마지막으로 동작을 확인합니다. 게임을 실행하고 4.1.1항에서 설정한 게임 규칙대로 동작하는지 확인합니다. 예상대로 동작하지 않을 때는 노드 설정을 수정하거나 스크립트의 내용에 오류가 없는지 확인해 봅니다.

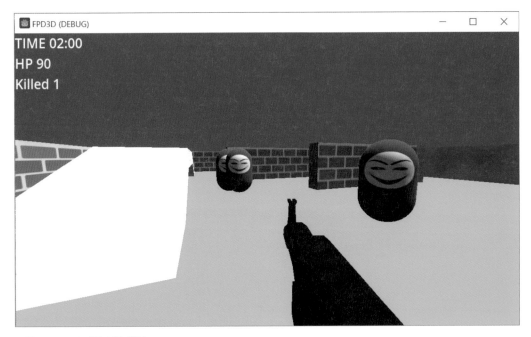

그림 4-54: FPS 게임 동작 확인

05

AR/VR 제작 기초

AR/VR 콘텐츠를 제작한다

5.1.1 고도를 사용한 AR/VR 개발

고도는 AR/VR 개발을 지원합니다. 하지만 다양한 유형의 AR/VR 장치나 플랫폼 모두에 대응해 개발하기는 어렵습니다. 고도는 오픈 소스 소프트웨어이기 때문에 라이선스 관계상 개발을 지원 하지 않은 플랫폼도 있습니다.

고도는 다음 규격에 대응합니다. 이 규격들은 여러 제조사의 장치를 지원하고 있거나 장치에 의존 하지 않는 규격들입니다.

표 5-1: 고도가 개발을 지원하는 AR/VR 규격

규격	설명
OpenXR	AR/VR 장치나 플랫폼에 접근할 수 있는 공개된 규격이다. 장치나 플랫폼 제도사에 의존하지 않고 사용할 수 있다. 고도에서는 OpenXR plugin을 제공한다.
OpenVR	OpenVR은 여러 제조사의 VR 하드웨어나 플랫폼에 접근하기 위한 규격이다. 최근에는 OpenXR로 마이그레이션이 진행되고 있다. 고도에서는 OpenVR plugin을 제공한다.
WebXR	AR/VR 기술을 브라우저에서 다루기 위한 공개된 규격이다. WebXR에 대응한 장치를 사용 해 브라우저에서 AR/VR을 실행할 수 있다. 고도에서도 WebXR용으로 내보내기 할 수 있다.

5.1.2 제작 대상 결정

5장에서는 간단한 VR 콘텐츠를 제작하면서 VR 제작의 기본적인 순서를 학습합니다. VR을 대상 으로 하지만 AR도 같은 순서로 제작할 수 있습니다.

제작하는 콘텐츠는 VR 공간 위를 이동하면서 컨트롤러를 사용해 VR 공간 안에 있는 객체의 색상 을 변화시키는 간단한 것입니다. 그림 5-1은 완성된 이미지입니다. 대상 플랫폼은 WebXR입니다

그림 5-1: VR 콘텐츠 완성 이미지

5.2.1 새 프로젝트를 만든다

먼저 새 프로젝트를 만듭니다. 이 책에서는 SimpleVR이라는 이름으로 프로젝트를 작성합니다.

새로 작성한 뒤에는 씬 탭의 '3D 씬' 버튼으로 'Node3D' 노드로 씬을 초기화합니다. Node3D 노드를 사용한 초기화는 3D FPS 게임 제작의 경우와 같습니다. AR/VR을 작성할 때는 추가로 AR/VR용 설정을 해야 합니다. 메인 메뉴에서 '프로젝트 → 프로젝트 설정'을 선택합니다. 그림 5-2와 같은 설정 화면이 나타나면 '셰이더 → 활성화'에 체크합니다.

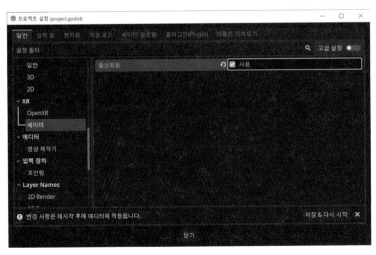

그림 5-2: AR/VR용 프로젝트 설정 화면

이번에는 VR 콘텐츠를 작성하므로 씬 탭의 '+' 버튼으로 Node3D 노드의 자식 노드로 'XROrigin3D'를 추가합니다.

XROrigin3D는 AR이나 VR 공간에서의 원점이 됩니다. 이후 작성하는 개체는 모두 XROrigin3D의 자식 노드로서 추가됩니다. XROrigin3D는 게임 씬 안에 반드시 1개만 존재해야 합니다. 그림 5-3은 XROrigin3D를 작성한 후의 프로젝트 화면입니다.

그림 5-3: XROrigin3D 노드 추가 후의 에디터 화면

추가한 XROrigin3D 노드를 선택하면 인스펙터에 'World Scale'이라는 항목이 표시되는 것을 확인할 수 있습니다. 기본 값은 '1'이며 이는 현실 세계의 1미터가 게임 공간에서의 길이 1에 해당하는 것을 의미합니다. 게임 공간과 현실 세계의 비율을 변경할 때는 이 'World Scale' 값을 사용합니다.

계속해서 3D 모델과 영상 등의 에셋을 프로젝트에 추가합니다. 예제 소재의 'asset → images'와 'asset → models'의 2개 폴더를 에디터의 파일시스템 탭에 드래그 앤 드롭합니다. 그림 5-4와 같이 프로젝트에 에셋이 추가됩니다.

그림 5-4: 에셋 추가

에셋을 추가했으므로 메인 메뉴의 '씬 → 씬 저장'을 선택하고 `main.tscn`이라는 이름으로 현재 씬을 저장합니다. 이후에는 씬을 변경할 때마다 적절하게 씬을 저장하기 바랍니다.

5.2.2 지면을 추가한다

XROrigin3D는 눈에 보이지 않는 점이므로 어디에 VR 공간의 원점이 있는지 알 수 없습니다. 그래서 이 공간에 지면을 추가합니다. 게임 객체 추가 방법은 3D 게임을 작성했을 때의 그것과 같습니다. 단, 작성하는 게임 객체는 반드시 XROrigin3D 노드 아래에 두어야 한다는 점에 주의합니다.

씬 탭의 '+' 버튼으로 'CSGMesh3D' 노드를 선택하고 지면을 추가합니다. 추가한 CSGMesh3D의 인스펙터에서 'CSGMesh3D → Mesh → 새 PlaneMesh'를 선택합니다. 작성된 PlaneMesh를 클릭하면 설정 항목이 표시됩니다. 그림 5-5와 같이 'Size' 항목을 (x: 20, y: 20)으로 설정해서 크기를 조정합니다.

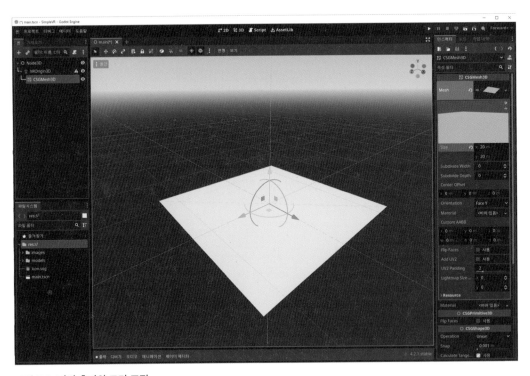

그림 5-5: 지면 추가와 크기 조정

흰색의 지면은 멋지지 않으므로 지면에 텍스처를 적용합니다. CSGMesh3D의 인스펙터에서 'CSGMesh3D → Material → 새 StandardMaterial3D'를 선택합니다. 표시된 설정 항목에서 'Albedo → Texture → 불러오기'를 선택한 뒤 `res://images/floor.png`를 선택합니다. 이제 그림 5-6과 같이 지면에 텍스처가 적용됩니다. 마지막으로 'CSGMesh3D' 노드 이름을 'Floor'로 변경합니다.

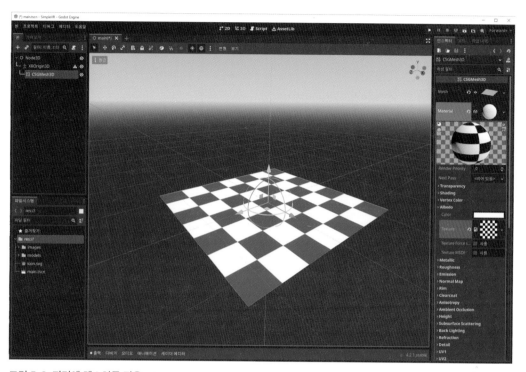

그림 5-6: 지면에 텍스처를 적용

카메라와 컨트롤러를 추가한다

5.3.1 XRCamera3D와 XRController3D 작성

AR/VR에서는 헤드 마운티드 디스플레이^{Head Mounted Display, HMD}나 컨트롤러 등의 장치를 사용해 AR/VR 공간을 조작합니다. AR/VR 콘텐츠를 작성할 때는 이 게임 공간들을 다뤄야 합니다. 고도에서는 HMD에 해당하는 노드로 'XRCamera3D', 컨트롤러에 해당하는 노드로 'XRController3D'를 제공합니다. 그림 5-7은 XRCamera3D와 XRController3D의 이미지입니다. 이 노드들은 실행 시 실행 장치들과 연결됩니다.

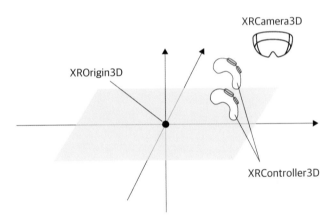

그림 5-7: XRCamera3D와 XRController3D의 이미지

먼저 씬 탭의 '+' 버튼으로 'XRCamera3D'를 추가합니다. 이것을 'XROrigin3D' 노드의 바로 아래 자식 노드가 되도록 배치합니다. 카메라의 위치는 AR/VR 플레이 시 HMD의 입력에 따라 자동으로 조정되므로 별도로 설정할 필요는 없습니다.

컨트롤러도 마찬가지로 씬 탭의 '+' 버튼으로 'XRController3D'를 선택해 추가합니다. 이후 인스펙터에서 'XRNode3D → Tracker → right hand'를 선택합니다. XRController3D는 어디까지나 장치와의 인터페이스 역할을 하는 노드이므로 특별히 정해진 형태를 가질 필요는 없습니다. XRController3D 노드만으로는 컨트롤러의 위치를 알 수 없으므로, 자식 노드로 `res://models/controller/controller.obj`를 추가합니다.

그림 5-8은 컨트롤러의 3D 모델을 추가한 그림입니다. 기본적으로는 모델의 방향과 크기가 올바르지 않으므로 인스펙터의 Transform 설정을 변경합니다. Position은 (x: 0, y: -1, z: 2), Rotation은 (x: -90, y: 0, z: 0), Scale은 (x: 0.1, y: 0.1, z: 0.1)로 설정합니다.

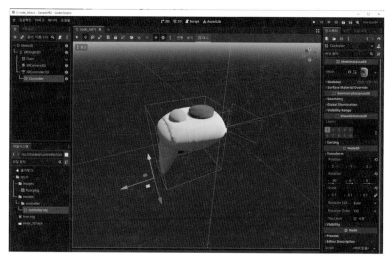

그림 5-8: XRController3D에 controller.obj 모델을 추가한 상태

AR/VR을 사용할 때 컨트롤러가 반드시 필요하지는 않습니다. 한편 컨트롤러를 1개 또는 2개 사용하는 경우도 있습니다. 여기에서는 2개를 사용하는 것을 가정해 앞에서 작성한 XRController3D를 복제해 그림 5-9와 같이 'LeftController'와 'RightController'라는 이름으로 변경했습니다. 각각 인스펙터의 'XRNode3D → Tracker' 항목에서 'left hand'와 'right hand'를 설정합니다.

그림 5-9: LeftController와 RightController 2개를 작성한 상태

이것으로 HMD와 컨트롤러 장치를 사용하기 위한 준비를 완료했습니다.

VR 공간에 객체를 작성하고 조작한다

5.4.1 컨트롤러의 RayCast를 작성한다

AR/VR 공간에서 물체를 조작하는 방법은 몇 가지가 있지만 RayCast3D를 사용하는 방법을 많이 사용합니다. RayCast3D는 이름 그대로 컨트롤러로부터 광선Ray를 비춰서Cast 그 광선에 맞는 객체를 취득합니다. 그림 5-10과 같이 컨트롤러에서 레이저 포인터를 비추고, 거기에 비춘 객체의 정보를 취득하는 이미지입니다.

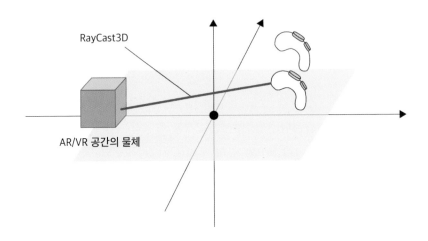

그림 5-10: 컨트롤러의 RayCast 이미지

RayCast3D는 컨트롤러에서 조사되므로 'LeftController'와 'RightController'의 자식 노드로 'RayCast3D' 노드를 추가합니다. 추가한 RayCast의 인스펙터에서 'RayCast → Target Position' 항목에서 광선을 조사하는 방향과 거리를 지정합니다. 여기에서는 (x: 0, y: 0, z: -10)을 설정했습니다. 그림 5-11은 여기까지 설정한 화면입니다.

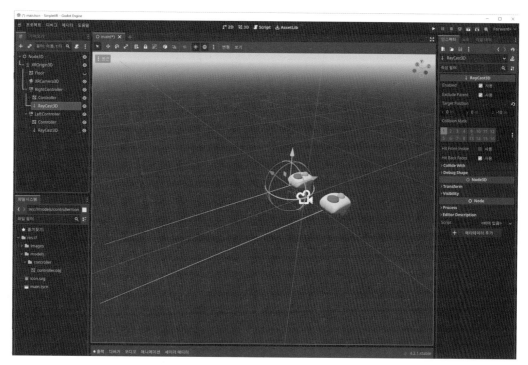

그림 5-11: LeftController와 RightController에 RayCast3D를 추가한 상태

게임을 실행할 때 RayCast3D는 투명하며 보이지 않습니다. RayCast3D를 시각화하는 방법으로 3D 공간 안에 선을 긋는 등의 방법이 있습니다. 단, 이 방법은 약간의 프로그램을 작성해야 하므로 여기에서는 더 간단하게 'CSGCylinder3D' 모드를 사용합니다.

그림 5-12와 같이 RayCast3D의 자식 노드로 'CSGCylinder3D'를 추가하고 RayCast3D의 광선에 겹치도록 방향과 크기를 조정함으로써 간단하게 RayCast3D의 궤적을 시각화할 수 있습니다. 그림 5-12에서는 식별하기 쉽도록 CSGCylinder3D 인스펙터에서 'Material → 새 StandardMaterial3D → Albedo'를 선택해서 색을 녹색으로 변경했습니다.

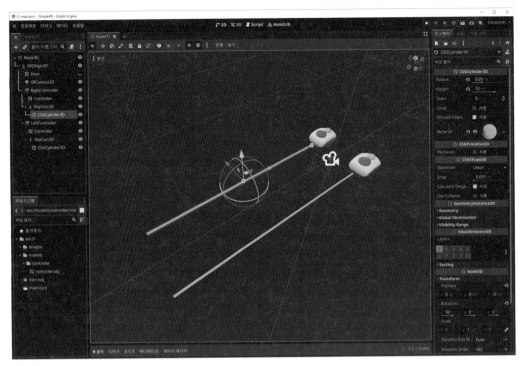

그림 5-12: CSGCylinder3D를 사용해 RayCast3D의 궤적을 시각화한 상태

5.4.2 AR/VR 공간에 객체를 배치한다

여기에서는 AR/VR 공간에 객체를 배치합니다. 객체 작성과 배치는 3D FPS 게임을 작성했을 때와 마찬가지입니다. 단, 여기에서도 객체가 XROrigin3D의 자식 노드가 되도록 주의합니다. 여기에서는 구 형태의 객체를 작성하고 컨트롤러에서 색을 바꿀 수 있도록 합니다. 구 형태의 객체는 다음 노드와 계층 구조로 구성합니다.

StaticBody3D	충돌 판정과 물리 연산 등의 기능을 제공하고 자식 노드인 CollisionShape3D가 기능하게 한다.
- CollisionShape3D	RayCast3D와의 충돌을 감지하기 위한 형태를 규정한다.
- CSGSphere3D	구 형태의 메시를 제공하고 CollisionShape3D의 형태를 눈에 보이도록 한다.

그림 5-13은 위에서 설명한 것처럼 노드를 추가하고 계층화한 상태입니다. 'CollisionShape3D'는 인스펙터에서 'CollisionShape3D → Shape → 새 SphereShape3D'를 선택합니다.

그림 5-13: 구 형태의 노드를 추가한 상태

계속해서 구의 색상을 변화시킬 수 있도록 StaticBody3D에 스크립트를 추가합니다. StaticBody3D의 인스펙터에서 'Script → 새 스크립트'를 선택하고 새 스크립트를 작성합니다. 파일 이름은 기본 값인 **StaticBody3D.gd**로 합니다. 스크립트 5-1의 내용을 입력합니다.

스크립트 5-1: StaticBody3D.gd 구의 색상을 바꾸는 스크립트

```
extends StaticBody3D

@onready var sphere = $CSGSphere3D
@onready var mat = StandardMaterial3D.new()
var h = 0.0
var change = false


func _ready():
  # 초기 색상은 흰색으로 설정한다
  mat.albedo_color = Color(1,1,1,1)
  sphere.material = mat


func _process(delta):
  # change가 true이면 색을 바꾼다
  if change:
    h += 0.001
```

```
    if h > 1.0:
        h = 0
    # 색을 HSV(색상, 채도, 명도)로 지정한다. 색상만 바꾼다
    mat.albedo_color = Color.from_hsv(h, 0.8, 0.9, 1)


func change_color():
  change = !change
```

스크립트 5-1에서는 _ready()에 의해 게임 시작 시 구체에 흰색 소재를 적용했습니다. _process(delta)에서는 change 변수가 true인 동안 구의 색이 계속해서 바뀌도록 구현했습니다. change_color()는 이 메서드가 호출될 때마다 change 변수의 true와 false를 전환할 수 있게 되어 있습니다. 즉, change_color()를 한 번 호출하면 구의 색이 변화하기 시작하고 change_color()를 다시 호출하면 색 변화가 멈춥니다.

WebXR용 스크립트 구현

이상으로 필요한 게임 객체 작성과 설정을 마쳤습니다. 여기에서는 실제 VR로 동작하게 하기 위한 스크립트를 작성합니다.

스크립트는 루트 노드인 'Node3D' 노드에 추가합니다. Node3D를 선택하고 인스펙터에서 'Script → 새 스크립트'를 선택합니다. 파일 이름은 기본 상태인 `main.gd`로 합니다. `main.gd`에는 스크립트 5-2의 내용을 입력합니다.

스크립트 5-2에는 여러 메서드가 기술되어 있습니다. 이 메서드들은 WebXR을 사용할 때의 템플릿이라 생각해도 좋습니다. VR 시작 및 종료 시 실행되는 메서드, 컨트롤러의 버튼이 눌렸을 때 실행되는 메서드가 정의되어 있습니다. 이렇게 특정한 이벤트가 발생했을 때 호출되는 메서드는 '콜백 함수'라고 합니다.

스크립트 5-2: main.gd WebXR을 사용하기 위한 템플릿 스크립트

```
extends Node3D

var webxr_interface


func _ready():
 webxr_interface = XRServer.find_interface("WebXR")

 # WebXR을 사용할 수 없으면 종료한다
 if not webxr_interface:
  return

 # "immersive-vr" 모드로 세션을 시작한다
 # _webxr_session_supported 메서드가 호출된다
 webxr_interface.is_session_supported("immersive-vr")
```

```gdscript
# 세션 이벤트에 대한 콜백 함수를 등록한다
webxr_interface.session_supported.connect(self._webxr_session_supported)
webxr_interface.session_started.connect(self._webxr_session_started)
webxr_interface.session_ended.connect(self._webxr_session_ended)
webxr_interface.session_failed.connect(self._webxr_session_failed)

# select 이벤트에 대한 콜백 함수를 등록한다
webxr_interface.select.connect(self._webxr_on_select)
webxr_interface.selectstart.connect(self._webxr_on_select_start)
webxr_interface.selectend.connect(self._webxr_on_select_end)

# squeeze 이벤트에 대한 콜백 함수를 등록한다
webxr_interface.squeeze.connect(self._webxr_on_squeeze)
webxr_interface.squeezestart.connect(self._webxr_on_squeeze_start)
webxr_interface.squeezeend.connect(self._webxr_on_squeeze_end)


    $XROrigin3D/LeftController.button_pressed.connect(self._on_LeftController_button_pressed)
    $XROrigin3D/LeftController.button_released.connect(self._on_LeftController_button_release)
    $XROrigin3D/RightController.button_pressed.connect(self._on_RightController_button_pressed)
    $XROrigin3D/RightController.button_released.connect(self._on_RightController_button_release)


func _webxr_session_supported(session_mode: String, supported: bool):
  print("세션 지원: ", session_mode, supported)
  if session_mode != 'immersive-vr':
    return

  webxr_interface.session_mode = 'immersive-vr'
  webxr_interface.requested_reference_space_types = 'bounded-floor, local-floor, local'
  webxr_interface.required_features = 'local-floor'
  webxr_interface.optional_features = 'bounded-floor'
```

```
  if not webxr_interface.initialize():
    OS.alert("초기화 실패")
    return


func _webxr_session_started():
  get_viewport().arvr = true


func _webxr_session_ended():
  get_viewport().arvr = false


func _webxr_session_failed(message: String):
  OS.alert("_webxr_session_failed: " + message)


func _on_LeftController_button_pressed(button: String):
  print ("_on_LeftController_button_pressed: " + button)


func _on_LeftController_button_release(button: String):
  print ("_on_LeftController_button_release: " + button)


func _on_RightController_button_pressed(button: String):
  print ("_on_RightController_button_pressed: " + button)


func _on_RightController_button_release(button: String):
  print ("_on_RightController_button_release: " + button)


func _webxr_on_select(controller_id: int):
  print("_webxr_on_select: " + str(controller_id))
```

```
func _webxr_on_select_start(controller_id: int):
  print("_webxr_on_select_start: " + str(controller_id))


func _webxr_on_select_end(controller_id: int):
  print("_webxr_on_select_end: " + str(controller_id))


func _webxr_on_squeeze(controller_id: int):
  print("_webxr_on_squeeze: " + str(controller_id))


func _webxr_on_squeeze_start(controller_id: int):
  print("_webxr_on_squeeze_start: " + str(controller_id))


func _webxr_on_squeeze_end(controller_id: int):
  print("_webxr_on_squeeze_end: " + str(controller_id))
```

스크립트 5-2의 다음 행에서 WebXR을 사용하는 것을 선언했습니다.

```
webxr_interface = XRServer.find_interface("WebXR")
```

다음으로 connect 메서드를 사용하는 행에서는 컨트롤러의 버튼을 누른 시점과 뗀 시점에서 호출되는 메서드를 정의합니다.

```
$XROrigin/LeftController.button_pressed.connect(...)
$XROrigin/LeftController.button_released.connect(...)
$XRARVROrigin/RightController.button_pressed.connect(...)
$XROrigin/RightController.button_released.connect(...)
```

스크립트 5-2는 거의 템플릿뿐이므로 실제로 구의 색을 바꾸는 구현은 포함되어 있지 않습니다. 그래서 컨트롤러로 선택한 구의 색만 바꿀 수 있도록 스크립트 5-3의 내용을 추가합니다.

스크립트 5-3: main.gd 구를 선택하고 색을 바꾸는 스크립트

```
var right_selected_obj
var left_selected_obj


func _on_LeftController_button_pressed(button: String):
 print ("_on_LeftController_button_pressed: " + button)
 var ray = $XROrigin3D/LeftController/RayCast3D
 if ray.is_colliding():
  left_selected_obj = ray.get_collider()
  left_selected_obj.change_color()


func _on_LeftController_button_release(button: String):
 print ("_on_LeftController_button_release: " + button)
 if left_selected_obj != null:
  left_selected_obj.change_color()
  left_selected_obj = null


func _on_RightController_button_pressed(button: String):
 print ("_on_RightController_button_pressed: " + button)
 var ray = $XROrigin3D/RightController/RayCast3D
 if ray.is_colliding():
  right_selected_obj = ray.get_collider()
  right_selected_obj.change_color()


func _on_RightController_button_release(button: String):
 print ("_on_RightController_button_release: " + button)
 if right_selected_obj != null:
  right_selected_obj.change_color()
  right_selected_obj = null
```

```
...생략...

var right_selected_obj
var left_selected_obj

...생략...
func _on_LeftController_button_pressed(button: String):
 print ("_on_LeftController_button_pressed: " + button)
 var ray = $XROrigin3D/LeftController/RayCast3D
 if ray.is_colliding():
   left_selected_obj = ray.get_collider()
   left_selected_obj.change_color()


func _on_LeftController_button_release(button: String):
 print ("_on_LeftController_button_release: " + button)
 if left_selected_obj != null:
   left_selected_obj.change_color()
   left_selected_obj = null


func _on_RightController_button_pressed(button: String):
 print ("_on_RightController_button_pressed: " + button)
 var ray = $XROrigin3D/RightController/RayCast3D
 if ray.is_colliding():
   right_selected_obj = ray.get_collider()
   right_selected_obj.change_color()


func _on_RightController_button_release(button: String):
 print ("_on_RightController_button_release: " + button)
 if right_selected_obj != null:
   right_selected_obj.change_color()
   right_selected_obj = null
 ...생략...
```

스크립트 5-3에서 _on_LeftController_button_pressed 메서드는 컨트롤러의 버튼을 누른 시점에서 호출되며, _on_LeftController_button+release는 버튼을 뗀 시점에서 호출됩니다. RightController도 마찬가지입니다. 버튼을 누른 시점에 RayCast3D의 객체를 취득하고 RayCast3D의 광선에 조사되고 있는 객체가 있는지 확인합니다. 객체가 있다면 해당 객체의 change_color() 메서드를 호출합니다. change_color() 메서드는 스크립트 5-1에서 작성했으며 이 메서드를 호출하면 색을 바꿀 수 있습니다. 버튼을 뗀 시점에서 다시 change_color() 메서드를 호출해 색 변화를 멈춥니다.

이제 컨트롤러로 구의 색을 바꿀 수 있게 됐습니다.

WebXR용 내보내기와 실행

스크립트를 작성했으므로 실제 WebXR용으로 내보내기해서 동작을 확인합니다. 먼저 WebXR 실행에는 HTTPS 서버가 필요합니다. 여기에서는 고도의 에디터에서 HTTP 서버를 기동해 동작을 확인하는 순서를 살펴봅니다.

메인 메뉴에서 '프로젝트 → 프로젝트 설정'을 선택하고 설정 화면을 엽니다. 메뉴에서 '애플리케이션 → 실행'을 선택하고 그림 5-14와 같이 메인 씬으로 `res://main.tscn`을 지정합니다.

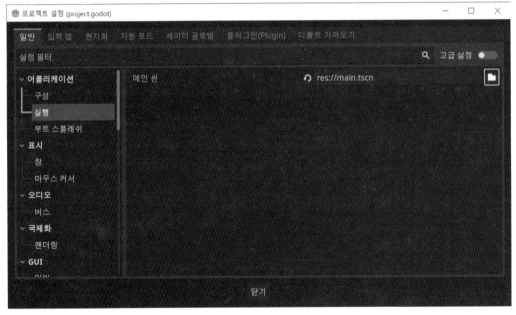

그림 5-14: 메인 씬 설정

프로젝트 내보내기는 '7.2.3 브라우저용 내보내기'의 순서를 따라 수행하지만 1가지 추가 설정이 필요합니다. WebXR용으로 내보내기 할 때는 그림 5-15와 같이 내보내기 화면에서 'Head Include' 설정 항목에 스크립트 5-4의 내용을 추가합니다. 그리고 내보내기 된 프로젝트를 실행할 때는 HTTPS 서버가 필요합니다.

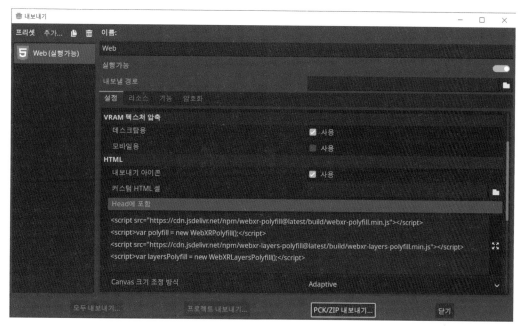

그림 5-15: 내보내기 시 Head Include 항목을 설정한 상태

스크립트 5-4: Head Include 추가 설정 내용

```
<script src="https://cdn.jsdelivr.net/npm/webxr-polyfill@latest/build/webxr-
polyfill.min.js"></script>
<script>var polyfill = new WebXRPolyfill();</script>
<script src="https://cdn.jsdelivr.net/npm/webxr-layers-polyfill@latest/build/
webxr-layers-polyfill.min.js"></script>
<script>var layersPolyfill = new WebXRLayersPolyfill();</script>
```

내보내기 된 HTML은 브라우저에서 실행할 수 있고 WebXR 대응 장치를 사용해 플레이할 수 있습니다. 그리고 실제 장치가 없는 경우라도 WebXR이라면 시뮬레이터(AR/VR 장치의 입력을 가상적으로 재현하는 도구)를 사용해 동작을 확인할 수 있습니다. 그림 5-16은 사용할 수 있는 에뮬레이터의 예입니다.

그림 5-16: WebXR 에뮬레이터(Google Chrome 확장 기능)

동작을 확인할 때마다 작성한 프로젝트를 내보내기 하고 HTTP 서버를 기동하는 것은 번거롭습니다. 그래서 고도에서는 에디터에서 HTTP 서버를 기동하는 기능을 제공합니다.

고도의 에디터에서 HTTPS 서버를 기동하려면 메인 메뉴에서 '에디터 → 에디터 설정'을 선택합니다. 그림 5-17과 같이 설정 화면이 표시되므로 '내보내기 → TSL 사용' 항목에 체크합니다.

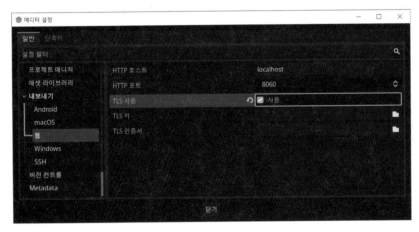

그림 5-17: HTTPS 서버를 기동하기 위한 설정

설정을 완료했으므로 그림 5-18과 같이 플레이 버튼에서 '원격 디버그 → 브라우저에서 실행'을 선택합니다. 그러면 브라우저가 기동해 프로젝트를 읽습니다. 실행을 정지할 때는 앞과 마찬가지로 '원격 디버그 → HTTP 서버를 정지한다'를 선택합니다.

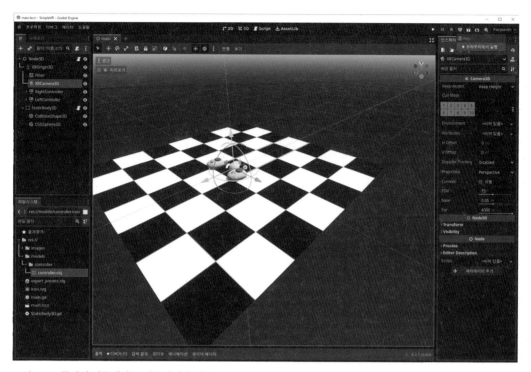

그림 5-18: 플레이 버튼에서 '브라우저에서 실행'을 선택한 화면

SimpleVR 프로젝트를 실행하면 그림 5-19와 같이 됩니다. 그리고 그림 5-19는 구의 수와 위치를 조정하고 씬에 DirectionalLight3D, WorldEnvironment를 추가했습니다. XRCamera3D 노드와 HMD를 연결해 객체를 조작할 수 있습니다. 여기에서 작성한 SimpleVR에서는 컨트롤러의 선택 버튼을 눌러 구의 색이 다양하게 변화하는 것을 확인할 수 있습니다.

그림 5-19: 작성한 프로젝트(SimpleVR)의 플레이 화면

06

고급 개발

게임을 구성하는 요소

3장에서 5장까지는 게임 구조를 이해를 중심으로 게임을 제작했으며, 시각적인 효과나 연출에 관해서는 언급하지 않았습니다. 하지만 게임 제작에서 세계관을 표현하기 위해서는 시각적인 연출이 중요합니다. 라이팅Lighting이나 파티클Particle 등은 비교적 간단하게 사용하게 사용할 수 있으며 게임에 세계관을 줄 수 있습니다. 이번 장에서는 라이팅과 파티클을 다룹니다.

6.1.1 라이팅

3장에서 5장까지는 DirectionalLight라는 광원을 사용했습니다. 고도에서는 3종류의 광원을 제공합니다. 각 광원의 특징은 다음과 같습니다. 그림 6-1은 각 광원의 특징을 나타낸 것입니다.

종류	설명
DirectionalLight3D	지향성 라이트. 게임 씬 전체에 한 방향으로 빛을 비춘다. 광원의 위치는 경향이 없으므로 각도만 조정하면 된다.
OmniLight3D	전방향 라이트. 광원을 중심으로 구 형태로 모든 방향으로 빛을 비춘다.
SpotLight3D	스포트 라이트. 광원을 꼭지점으로 원뿔 형태로 빛을 비춘다.

Directional Light 3D   Omni Light 3D   Spot Light 3D

그림 6-1: 광원의 종류와 특징

실제 이 광원들의 차이를 확인하기 전에 환경광에 관해 설명합니다. 4장에서는 3D FPS 게임을 제작했습니다. DirectionalLight3D 광원을 작성하지 않아도 처음부터 게임 객체의 색이나 형태를 식별할 수 있었습니다. 이것은 프로젝트를 만들 때 기본적으로 적용되는 환경광에 의한 것입니다.

게임 공간의 환경을 명시적으로 지정하려면 'WorldEnvironment' 노드를 사용합니다. 그림 6-2는 명시적으로 환경광을 지정하지 않는 경우와 지정한 경우를 비교한 것입니다. 그림 6-2에서는 그림 6-3에 나타낸 것처럼 WorldEnvironment 노드에 의해 환경강의 강도('Ambient Light → Energy' 항목)이 0이 되도록 지정했기 때문에 모든 객체가 검게 표시됩니다.

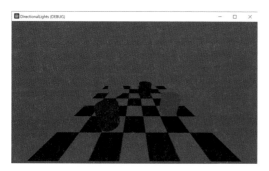 

그림 6-2: 명시적으로 환경광을 지정하지 않은 씬(왼쪽)과 환경광의 강도를 0으로 지정한 씬(오른쪽)

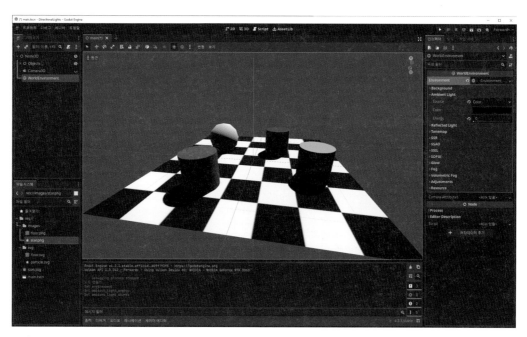

그림 6-3: WorldEnvironment에서 환경광의 강도를 0으로 설정

그림 6-4에서는 그림 6-3의 씬에 DirectionalLight3D를 추가했습니다. DirectionalLight3D의 인스펙터에서 그림자를 추가해서 설정했습니다. 빛의 색이나 강도 등도 인스펙터에서 설정할 수 있습니다. 실제로 그림 6-4에서는 객체의 그림자가 만들어진 것을 확인할 수 있습니다. 그리고 인스펙터에서 그림자의 짙은 정도와 위치도 조정할 수 있습니다.

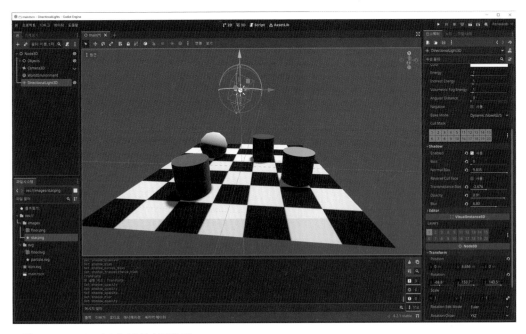

그림 6-4: DirectionalLight3D를 설정한 씬

그림 6-5는 그림 6-3의 씬에 OmniLight3D를 추가했습니다. OmniLight3D원 인스펙터에서 빛의 색은 옅은 노란색으로 설정했습니다. 그리고 환경광과 마찬가지로 빛의 강도도 설정할 수 있습니다. 또한 OmniLight3D는 구 형태로 빛을 비추므로 빛이 닿는 거리와 감쇠율도 설정할 수 있습니다.

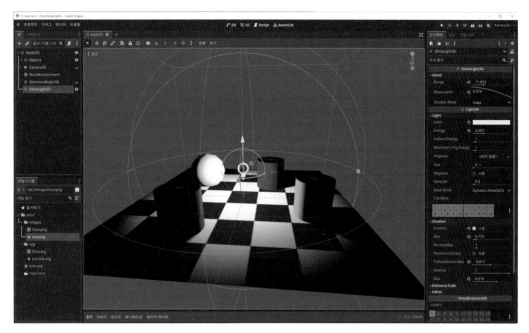

그림 6-5: OmniLight3D를 설정한 씬

그림 6-6은 그림 6-3의 씬에 SpotLight3D를 3개 추가했습니다. 특별히 설명하지 않더라도 그림 6-6의 어느 부분에 SpotLight3D가 비추고 있는지 명확하게 알 수 있습니다. SpotLight3D는 플래시 라이트와 같이 물체를 비출 수 있습니다. 그리고 원뿔 형태로 빛을 비추기 때문에 빛이 닿는 거리와 감쇠율도 설정할 수 있습니다.

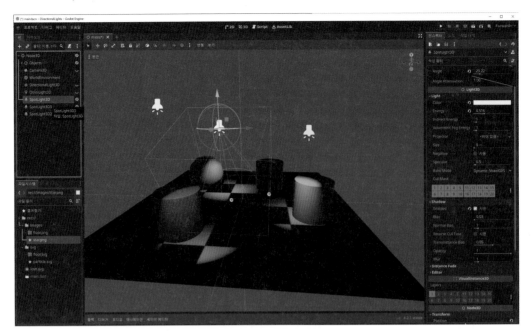

그림 6-6: SpotLight3D를 설정한 씬

6.1.2 파티클

파티클은 이펙트 등을 작성할 때 사용하면 게임의 세계관을 만드는 데 중요한 역할을 담당합니다. 파티클을 사용하면 2D 이미지를 기반으로 수백~수천 또는 수만 개의 객체를 씬에 그리거나 불, 연기, 번개, 회오리 등을 시뮬레이션 할 수 있습니다.

고도에서는 파티클을 구현하기 위해 'GPUParticles3D', 'CPUParticles3D'라는 2종류의 노드를 제공합니다. 2D의 경우에는 'GPUParticles2D', 'CPUParticles2D' 노드를 제공하지만 기능은 3D와 같으므로 여기에서는 2D에 관해서는 생각하지 않겠습니다.

'GPUParticles3D', 'CPUParticles3D'의 차이는 GPU와 CPU 중 무엇을 사용하는가입니다. 스마트폰 등 GLES2 그래픽 API만 사용할 수 있는 환경에서는 고도의 GPU 기능을 사용하는 GPUParticles은 사용할 수 없습니다. 한편 GLES3 그래픽 API를 사용할 수 있는 PC 등의 환경에서는 GPUParticles을 사용할 수 있습니다. 대부분의 경우 파티클은 대량의 객체를 화면에 그리거나 시뮬레이션 할 때 사용되므로 가능한 GPU 기능을 활용할 수 있는 GPUParticles를 사용합니다.

실제로 GPUParticles 노드를 사용해 간단한 파티클을 만들어 봅니다. 먼저 3D 씬을 만들고 'GPUParticles3D' 노드를 추가합니다. 그림 6-7은 3D 공간(Node3D 노드)에 GPUParticles3D 노드를 만든 상태입니다. 노드만 만든 상태에서는 특별히 표시되는 것이 없습니다.

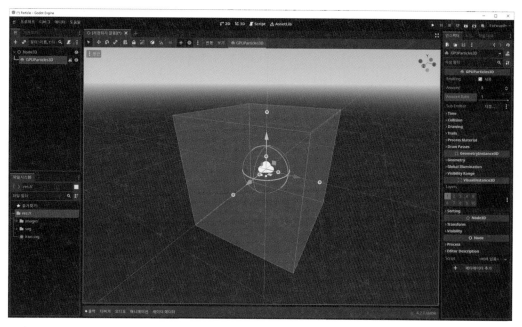

그림 6-7: Particles를 만든 씬

계속해서 GPUParticles3D 노드의 인스펙터에서 'GPUParticles3D → Draw Passes → Pass1 → 새 Quad Mesh'를 선택합니다. QuadMesh는 PlaneMesh와 마찬가지로 사각형의 메시 형태이지만 메시를 구성하는 좌표의 수가 적기 때문에 PlaneMesh보다 처리 부하가 적다는 것이 특징입니다. 작성된 QuadMesh를 클릭해 설정을 열면 그림 6-8과 같이 표시됩니다.

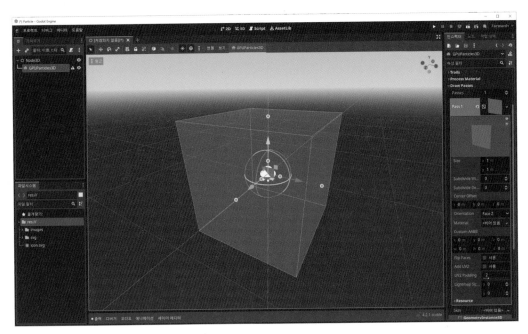

그림 6-8: Particles 노드에 QuadMesh를 추가

QuadMesh 설정 항목 중에서 'Material → 새 StandardMaterial3D'를 선택합니다. Material에 새롭게 작성된 StandardMaterial이 설정됩니다. 이를 클릭하고 설정 화면을 열고 다음 3개 항목을 설정합니다.

- Transparency → Cull Mode'를 Disabled로 설정한다.
- Albedo → Texture'에 파티클로 사용할 이미지를 읽는다.
- Proximity Fade → Enabled'를 On으로 설정한다.

여기까지 설정하면 그림 6-9와 같이 GPUParticles3D 노드에 앞에서 설정한 이미지가 표시됩니다. 여기에서는 별 이미지를 사용했으므로 별이 표시됩니다. 이 시점에서는 같은 한 점에 별이 생성됐다 사라지는 것이 반복되므로 별은 하나만 보입니다.

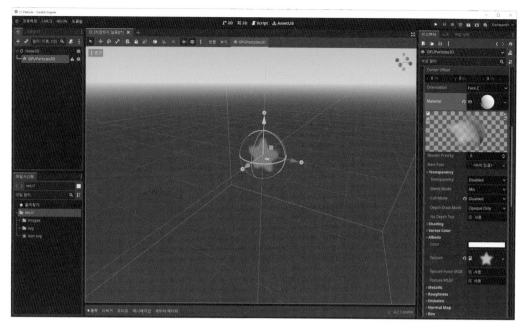

그림 6-9: Particles에 별을 설정

여기에서 다시 GPUParticles3D 노드의 인스펙터로 돌아가 'Process Material → Process Material → 새 ParticleProcessMaterial'을 선택합니다. 그림 6-10과 같이 별이 위에서 아래로 떨어지게 됩니다. 이것은 작성한 ParticleProcessMaterial에 의해 별 객체에 중력 효과가 적용되어 있기 때문입니다. 기본 ParticleProcessMaterial에서는 중력 효과가 적용되어 있지만 설정을 변경해 다양한 기능을 가진 파티클을 만들 수 있습니다.

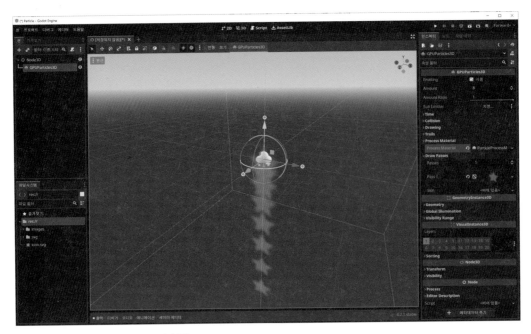

그림 6-10: ParticleProcessMaterial 설정

계속해서 인스펙터에서 ParticleProcessMaterial을 클릭하고 설정 화면을 엽니다. 여기에서 다음 설정을 변경합니다.

설정 항목	설명	설정 값
Lifetime Randomness	각 별의 생존 시간을 다르게 결정한다. 어느 정도 분포를 추가하면 더 자연스러운 파티클이 된다.	0.3
Spawn → Position → Emission Shape	별을 생성할 영역의 형태를 결정한다. 기본값은 한 점에서 생성하도록 설정되어 있다.	Sphere
Display → Scale → Scale Curve	별을 생성한 뒤 사라질 때까지 곡성을 따라 별의 스케일을 변경한다. 새롭게 Curve Texture를 추가한 뒤 'Curve'의 설정이 표시되므로 마우스로 곡선을 설정한다.	Curve Texture

설정을 완료하면 그림 6-11과 같이 표시되며 한층 파티클다운 느낌이 납니다.

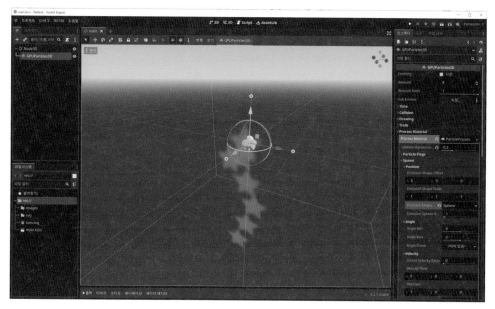

그림 6-11: ParticleProcessMaterial 설정을 조정

그림 6-11 상태의 파티클에서 별의 수 혹은 지속 시간 등을 늘리는 설정을 추가한 것이 그림 6-12 입니다. 그림 6-12에서는 1초 동안 200개의 별을 생성했지만 500개, 1,000개를 생성해도 아무런 문제없이 동작합니다. 파티클 설정에 정답은 없으므로 형태를 보면서 매개변수를 조정합니다.

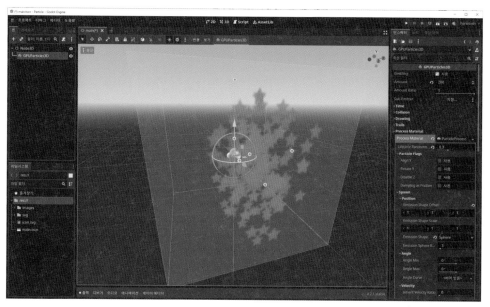

그림 6-12: 매개변수를 조정한 파티클

디버그

게임 개발에서 버그 발생은 뗄 수 없습니다. 버그라고 한 단어로 말해도 프로그램을 다시 검토하면 원인을 알 수 있는 것, 특정한 조건에서만 발생하기 때문에 재현이 어려운 것 등 다양합니다. 고도에서는 버그의 원인을 특정할 수 있는 디버그 도구나 디버그 옵션을 제공합니다. 여기에서는 그 종류와 사용 방법에 관해 확인합니다.

6.2.1 디버그 옵션

디버그 옵션은 메인 메뉴의 '디버그'에서 지정할 수 있습니다. 각 디버그 옵션의 의미와 용도는 다음과 같습니다.

디버그 → 리모트 디버그로 배포

이 설정은 리모트 단말(예를 들어 Android와 같은 스마트폰)에서 게임을 실행할 때 그 단말상에서 게임을 실행하면서 고도의 에디터로 디버그 정보를 취득할 때 사용합니다. 스마트폰 등 디버그 정보 취득이 어려운 단말용 개발을 수행할 때 활용할 수 있습니다.

디버그 → 네트워크 파일시스템으로 작은 배포

고도에서는 게임 실행 파일과 에셋 등을 포함한 리소스 파일을 나누어 내보내기 할 수 있습니다. 에셋 크기가 큰 게임의 경우 실행할 때마다 스마트폰 등의 리모트 단말에 모든 에셋을 전송하면 시간이 소요됩니다. 이런 경우 이 옵션을 사용해 필요한 에셋만 네트워크를 경유해 취득하게 할 수 있습니다.

디버그 → 콜리전 형태를 표시

이 옵션을 활성화하면 게임 실행 중에도 콜리전 형태를 표시할 수 있습니다. 충돌 판정이 예상대로 동작하지 않을 때 사용할 수 있습니다.

디버그 → Visible Paths

이 옵션을 활성화하면 Path2D, Path3D 노드에서 지정한 곡선이 게임 실행 중에 표시됩니다.

디버그 → 내비게이션 표시

이 옵션을 활성화하면 게임 실행 중에도 내비게이션 메시의 형태를 표시할 수 있습니다. 내비게이션 메뉴 상에서 동작하는 객체나 캐릭터가 예상대로 움직이지 않을 때 사용할 수 있습니다.

그림 6-13에서는 '콜리전 형태를 표시', '내비게이션을 표시' 디버그 옵션을 모두 활성화하고 4장에서 작성한 3D FPS 게임을 실행했습니다. 선의 색이 옅어서 잘 보이지 않지만 충돌 판정에 사용하는 콜리전 형태와 적 캐릭터를 움직이기 위해 사용한 내비게이션 메시의 형태가 게임 실행 화면에서도 보이는 것을 알 수 있습니다.

그림 6-13: 콜리전 형태와 내비게이션 디버그 옵션을 활성화한 플레이 화면

6.2.2 디버거

프로그램에 버그가 발생하면 이를 제거하기 위한 디버그 작업을 해야 합니다. 스크립트 안에 일일이 변수의 내용을 표시하는 코드 등을 기술하는 것은 비효율적입니다. 디버그 작업에서는 일반적으로 중단점breakpoint을 사용합니다. 중단점은 스크립트 안의 특정 위치를 표시하고, 실행 시 처리가 해당 지점에 도달했을 때 일시 정지시키는 기능입니다. 고도에서도 중단점을 사용할 수 있으며 디버거를 사용해 디버깅에 필요한 정보를 확인할 수 있습니다.

그림 6-14는 4장에서 작성한 3D FPS 게임에서 플레이어의 공격이 적에게 맞았을 때 게임을 일

시 정지하도록 한 것입니다. 중단점은 42번째 행에 설정했습니다. 에디터에서 스크립트를 열고 행이 표시된 숫자의 왼쪽을 클릭해 중단점을 설정할 수 있습니다. 같은 방법으로 중단점을 해제할 수 있습니다.

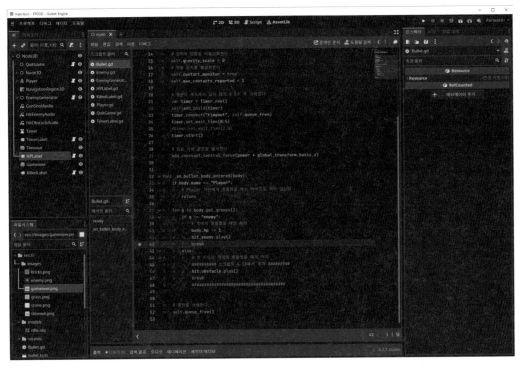

그림 6-14: 중단점 설정

중단점을 설정한 상태에서 게임을 시작해 봅니다. 플레이어의 공격이 적에게 맞았을 때 게임이 정지하는 것을 확인할 수 있습니다. 이때 에디터 아래쪽에 디버거 창이 열리고 변수에 저장되어 있는 값들을 확인할 수 있습니다.

디버거 창에는 빨간 문자로 'Breakpoint'라고 기재되어 있으며 '스택 프레임'이라고 쓰인 프레임에 그림 6-14에서 설정한 중단점의 위치 `Bullet.gd` 행 번호 42'가 표시됨을 알 수 있습니다. 이것을 선택하면 일시 정지한 시점에서 변수에 저장되어 있는 값을 볼 수 있습니다. 그리고 각 노드의 정보는 인스펙터에서도 확인할 수 있습니다.

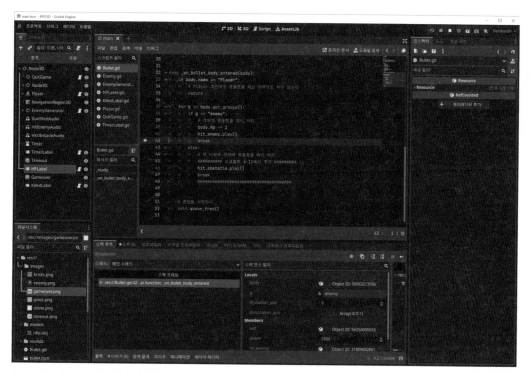

그림 6-15: 중단점 도달 시의 디버거 창

그림 6-15 안에서 창 오른쪽 위에 있는 아이콘에서 다음을 처리할 수 있습니다. 그 중에서도 프로시저 단위 실행(스텝인)과 한 단계씩 코드 실행(스텝오버)는 디버깅 시 자주 사용합니다.

- 중단점 넘기기: 중단점에서 일시 정지를 비활성화합니다.
- 오류 복사: 오류 메시지를 복사합니다.
- 프로시저 단위 실행(스텝인): 다음 행의 스크립트를 실행합니다. 다음 행이 함수일 때는 함수 안의 1 행을 실행합니다.
- 한 단계씩 코드 실행(스텝오버): 다음 행의 스크립트를 실행합니다. 다음 행이 함수일 때는 함수 안의 모든 행을 실행합니다.
- 계속: 처리를 재개합니다. 다음 중단점에 도달할 때까지 처리를 계속합니다.

6.2.3 프로파일러

프로파일러는 디버거의 기능의 일부입니다. 프로파일러에는 프로세서, 비주얼, 네트워크, 비디오 RAM의 4가지 종류가 있습니다.

프로세서 프로파일러는 그림 6-16과 같이 각 프레임 안에서 어떤 처리에 얼만큼 시간이 걸리는지 확인할 수 있습니다. 프레임 레이트가 낮을 때 어떤 처리에서 시간이 걸리는지 확인할 때 사용할 수 있습니다.

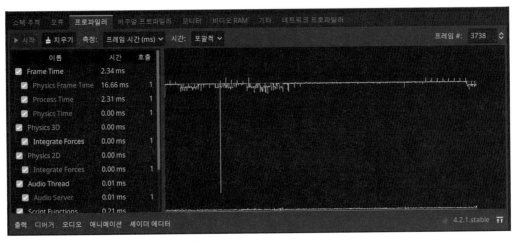

그림 6-16: 프로세서 프로파일러

4장에서 작성한 3D FPS에서는 네트워크를 통해 통신하지 않으므로 그림 6-17과 같이 네트워크 프로파일러에는 아무것도 표시되지 않습니다. 네트워크 프로파일러는 통신을 수행한 횟수를 표시합니다.

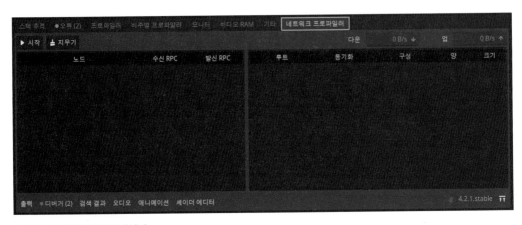

그림 6-17: 네트워크 프로파일러

비디오 RAM은 비디오 메모리 사용량을 표시합니다. 텍스처를 최적화하고 비디오 메모리의 사용량을 줄이고 싶을 때 활용할 수 있습니다. 그리고 고도 v4.2.1 시점에서 비디오RAM은 재구현 중으로, 사용할 수 없는 상태이기 때문에 그림 6-18은 v3.5의 비디오 RAM 프로파일러를 게재했습니다.

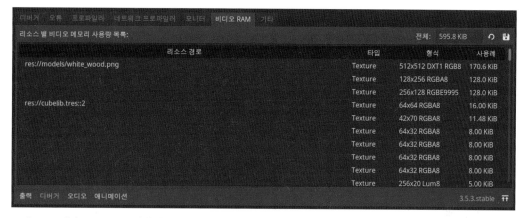

그림 6-18: 비디오 RAM 프로파일러(고도 v3.5)

비주얼 프로파일러는 그림 6-19와 같이 각 씬의 렌더링에 얼만큼 시간이 걸리는지 나타냅니다.

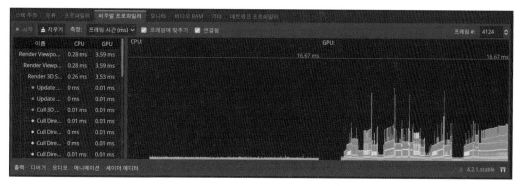

그림 6-19: 비주얼 프로파일러

6.2.4 모니터

그림 6-20과 같이 모니터는 실행 중인 게임의 통계 정보를 그래프로 표시합니다. 프로파일러만큼 상세한 정보를 취득할 수는 없지만 프레임 레이트나 프레임 그리기에 소요되는 시간을 그래프로 확인할 수 있습니다. 그리고 메모리나 비디오 메모리의 사용량도 표시합니다. 게임을 최적화하고 메모리 사용량을 줄이는 등의 작업을 수행할 때 이 정보들을 활용할 수 있습니다.

그리고 객체나 노드 수의 추이도 확인할 수 있습니다. 객체 수나 노드 수가 계속 증가한다면 프로그램 상에서 작성한 객체의 삭제가 잘 동작하지 않는 것일 수 있습니다. 그럴 때는 메모리 사용량도 계속해서 증가한다고 예상할 수 있습니다. 메모리 사용량이 지속적으로 증가하면 게임의 이상 종료로 이어지게 됩니다. 모니터를 사용하면 여러가지 관점에서 게임에 잠재적인 문제가 없는지 확인할 수 있습니다.

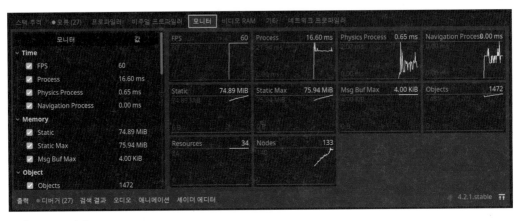

그림 6-20: 모니터

07

프로젝트 내보내기

내보내기 템플릿

7.1.1 내보내기 템플릿 설치

고도를 사용해 작성한 게임을 배포할 때는 각 플랫폼에서 실행할 수 있는 형식으로 내보내기 합니다. 고도는 Windows, Linux, macOS, Android, iOS, 브라우저 등의 플랫폼을 지원합니다. 각 플랫폼용으로 내보내기 할 때는 '내보내기 템플릿'이 필요합니다.

내보내기 템플릿을 다운로드하기 위해 그림 7-1과 같이 메인 메뉴에서 '에디터 → 내보내기 템플릿 관리'를 선택합니다.

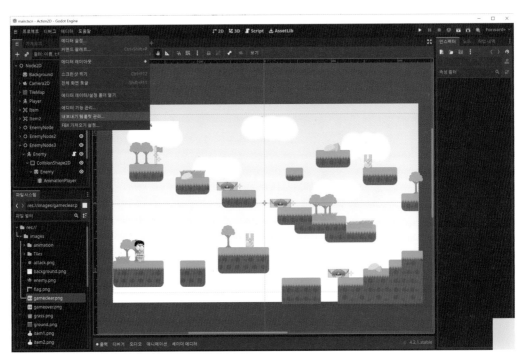

그림 7-1: 내보내기 템플릿 관리를 선택

그림 7-2와 같은 창이 열리면 '다운로드 및 설치'를 선택합니다. 자동으로 다운로드와 설치가 시작됩니다. 이상으로 내보내기 템플릿 준비를 완료했으므로 창을 닫습니다.

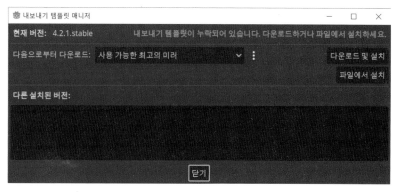

그림 7-2: 내보내기 템플릿 매니저

7.2.1 Windows용 내보내기

Windows PC용으로 게임을 실행하기 위해 내보내기 합니다. 여기에서는 3장에서 작성한 3D 액션 게임을 내보내기 합니다.

먼저 그림 7-3과 같이 메인 메뉴에서 '프로젝트 → 내보내기'를 선택합니다. 그림 7-4와 같이 내보내기 창이 표시되므로 위쪽 메뉴에서 '추가 → Windows Desktop'을 선택합니다.

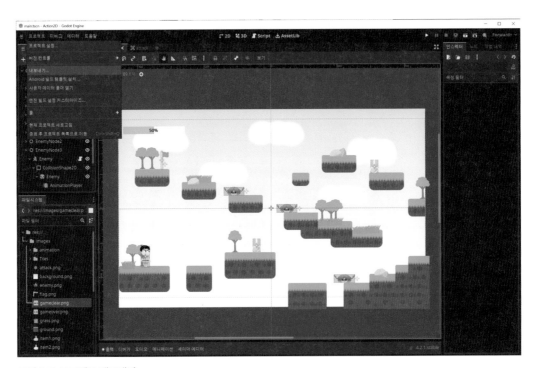

그림 7-3: 프로젝트 내보내기

Windows Desktop을 추가하면 그림 7-4와 같이 설정 화면이 표시됩니다. 이 화면에서는 내보내기한 실행 파일의 버전 번호나 아이콘을 설정할 수 있습니다. 여기에서는 모두 기본 설정을 사용합니다.

그림 7-4: 내보내기 설정 화면

그림 7-4의 내보내기 창 가운데 아래쪽에 있는 '프로젝트 내보내기' 버튼을 클릭하면 내보내기 대상 폴더와 실행 파일 이름을 지정하는 새 창이 열립니다. 폴더와 파일 이름을 지정하고 마지막에 '저장' 버튼을 클릭해 내보내기를 완료합니다.

그리고 이 화면에는 '디버그와 함께 내보내기'의 체크 박스가 표시됩니다. 이 박스에 체크하면 디버그용 정보가 실행 파일에 삽입됩니다. 개발 중에는 디버그와 함께 내보내기 체크 박스에 체크를 해도 문제없지만, 배포할 때는 이 체크 박스에 체크하지 않도록 합니다.

내보내기를 완료하면 지정한 폴더에 실행 파일이 생성됩니다. 예를 들어 `Action2D`라는 파일 이름을 지정했을 때는 `Action2D.exe`와 `Action2D.pck`라는 2개의 파일이 생성됩니다. 확장자가 exe인 파일이 Windows 실행 파일, 즉 게임 프로그램 본체입니다. 확장자가 pck인 파일은 '리소스팩'이라 불리며 이미지나 소리 등의 에셋을 포함하고 있습니다. 따라서 게임을 실행할 때는 2개 파일이 모두 필요합니다.

확장자가 exe인 실행 파일을 열면 그림 7-5와 같이 게임이 시작됩니다.

그림 7-5: Windows에서 게임 실행하기

7.2.2 Android용 내보내기

Android용으로 내보내기 하려면 Android Studio가 필요합니다. 다음 사이트에서 최신 Android Studio를 다운로드하고 설치합니다.

https://developer.android.com/studio/

Android Studio를 처음 실행하면 설정 화면이 표시됩니다. 모두 기본 값으로 설정해도 문제없습니다. 설정 단계 마지막에 그림 7-6과 같은 동의 화면이 표시되므로 모두 'Accept'를 선택하고 'Finish' 버튼을 클릭해 셋업을 완료합니다.

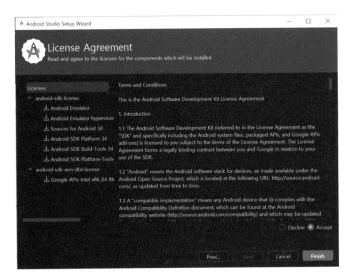

그림 7-6: Android Studio 셋업

다음으로 디버그 키스토어를 작성합니다. 디버그 키는 Android에 애플리케이션을 설치할 때 애플리케이션이 위/변조되어 있지 않은 것을 확인하기 위해 사용합니다. 디버그 키스토어의 기본 경로는 다음과 같습니다.

- Windows: C:/Users/<사용자_이름>/.android/
- Linux: /home/<사용자_이름>/.android/debug.keystore
- macOS: /Users/<사용자_이름>/.android/debug.keystore

키스토어를 작성하기 위해서는 'keytool'을 사용합니다. keytool은 JDK(Java Development Kit)과 JRE(Java Runtime Environment)에 포함되어 있으며 Android Studio에도 내장되어 있습니다. Android Studio를 기본 설정값으로 Windows에 설치했을 때, keytool의 위치는 C:/Program Files/Android/Android Studio/jbr/bin/keytool.exe입니다. 참고로 Android Studio에서 제공하는 keytool.exe를 사용해 키스토어를 작성하면 정상 설치 및 작동되지 않는 apk 파일이 생성될 수 있습니다. 이때는 Java SE 8 또는 Java SE 11 등에서 제공하는 keytool.exe을 사용해 키스토어를 작성한 뒤 apk를 생성합니다.

keytool을 사용해 위 키스토어 폴더에서 다음 명령어를 실행합니다. 명령어를 실행할 때는 Windows에 표준 설치되어 있는 명령 프롬프트 등을 사용합니다. 그리고 명령어는 줄 바꿈 없이 1행으로 실행합니다.

```
"C:/Program Files/Android/Android Studio/jbr/bin/keytool.exe"
 -J-Dkeystore.pkcs12.legacy -genkey -v -keystore debug.keystore -keyalg RSA
 -validity 10000 -storepass android -alias androiddebugkey
 -dname "CN=Android Debug, O=Android, C=US"
```

계속해서 Android Studio의 설치 위치를 고도에게 알려주어야 합니다. 고도의 메인 메뉴에서 '에디터 → 에디터 설정'을 선택합니다. 그림 7-7과 같이 Android Studio의 경로와 키스토어의 경로를 설정합니다.

Windows

```
SDK Path: C:/Users/<사용자_이름>/AppData/Local/Android/Sdk
Keystore: C:/Users/<사용자_이름>/.android/debug.keystore
```

Linux

SDK Path: /homge/<사용자_이름>/Library/Android/sdk

Keystore: /home/<사용자_이름>/.android/debug.keystore

macOS

SDK Path: /Users/<사용자_이름>/Library/Android/sdk

Keystore: /Users/<사용자_이름>/.android/debug.keystore

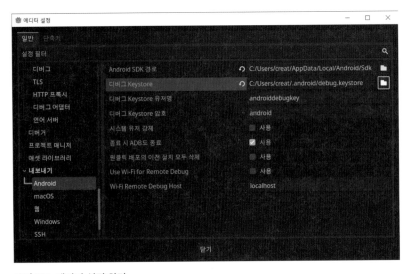

그림 7-7: 에디터 설정 화면

계속해서 메인 메뉴에서 '프로젝트 → 프로젝트 설정'을 선택합니다. 그림 7-8과 같이 프로젝트 설정 창이 표시되면 '고급 설정 → 렌더링 → 텍스처' 메뉴 항목 중에서 'VRAM Compression → Import S3RC BPTC', 'VRAM Compression → Import ETC2 ASTC'에 체크합니다. 재실행 메시지가 표시되므로 설정을 저장하고 재실행합니다. Android에서는 그래픽스 API로 GLES2와 GLES3을 사용하며 GLES2에서도 올바르게 게임 객체를 표시하기 위해 이 설정이 필요합니다.

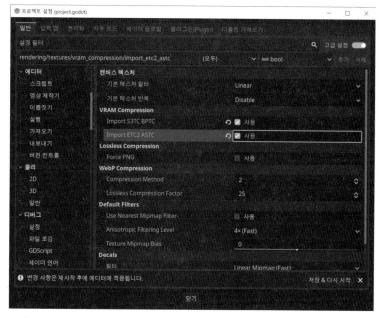

그림 7-8: 프로젝트 설정 화면

프로젝트 설정을 완료했으므로 다시 메인 메뉴에서 '프로젝트 → 내보내기'를 선택합니다. 그림 7-9와 같이 내보내기 창이 표시됩니다. 창 위쪽의 메뉴에서 '추가 → Android'를 선택합니다. 그림 7-9와 같이 Android용 내보내기 설정 화면이 표시됩니다. 설정 값은 기본 값을 그대로 사용합니다.

그림 7-9: Android용 내보내기 화면

그림 7-9의 창 가운데 아래쪽에 있는 '프로젝트 내보내기' 버튼을 클릭하면 내보내기 폴더와 실행 파일 이름을 지정하는 창이 새롭게 열리므로, 폴더와 시행 파일 이름을 지정하고 마지막으로 '저장' 버튼을 클릭해 내보내기를 완료합니다.

내보내기를 완료하면 apk라는 확장자로 실행 파일이 내보내기 됩니다. 이 실행 파일을 Android 단말로 전송합니다. 전송된 실행 파일을 열면 애플리케이션 설치가 시작되며, 설치 완료 후에 애플리케이션이 열립니다. 그림 7-10과 같이 게임이 시작됩니다.

그림 7-10: Android 단말에서의 게임 실행 화면

단, 이 책에서 작성한 2D 액션 게임은 PC에서의 사용을 전제로 작성했기 때문에 Android 단말에서는 캐릭터를 조작할 수 없습니다. 스마트폰에서 플레이할 수 있게 하려면 키보드 입력이 아닌 아닌 터치 입력을 전체로 애플리케이션을 만들어야 합니다.

7.2.3 브라우저용 내보내기

고도에서는 브라우저용으로도 내보내기 할 수 있습니다. 내보내기 하기 위해 브라우저에서 표시할 페이지의 HTML 파일을 준비합니다. 다음 내용을 입력한 HTML을 작성하고 template. html로 저장합니다.

```html
<!DOCTYPE html>
<html>
 <head>
  <title>Action2D</title>
  <meta charset="UTF-8">
 </head>
```

```
  <body>
    <canvas id="canvas"></canvas>
    <script src="$GODOT_URL"></script>
    <script>
        var engine = new Engine($GODOT_CONFIG);
        engine.startGame();
    </script>
  </body>
</html>
```

메인 메뉴에서 '프로젝트 → 내보내기'를 선택합니다. 그림 7-11과 같은 창이 표시되면 창 위쪽 메뉴에서 '추가 → Web'을 선택합니다.

그림 7-11과 같이 브라우저용 내보내기 설정 화면이 표시됩니다. 'HTML → Custom HTML Shell' 항목에 앞에서 작성한 template.html 파일을 지정하고 다른 값은 기본 값으로 설정합니다. 창 가운데 아래쪽의 '프로젝트 내보내기'를 클릭하면 내보내기 대상 폴더와 파일 이름을 지정하는 창이 새롭게 열립니다. 폴더와 파일 이름을 지정하고 마지막에 '저장' 버튼을 클릭해 내보내기를 완료합니다.

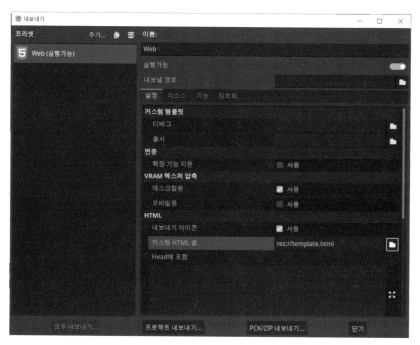

그림 7-11: 브라우저용 내보내기 화면

내보내기를 완료하면 html이라는 확장자로 HTML 파일과 연동하는 파일 한 세트가 내보내기 됩니다. 브라우저용 내보내기에서는 WebAssembly라는 표기를 사용하며, wasm이라는 확장자로 WebAssembly 실행 파일이 내보내기 됩니다. 그리고 Google Chrome이나 Firefox, Edge, Safari 등 주요한 브라우저는 이미 WebAssembly를 지원하지만 모든 브라우저에서 사용할 수는 없다는 점에 주의합니다. 그리고 브라우저의 버전이 낮으면 실행하지 못할 수도 있습니다.

게임을 실행하려면 브라우저에서 HTML 파일을 열어야 합니다. 하지만 CORS^{Cross-Origin Resource Sharing}(교차 출처 리소스 공유)라 불리는 보안상의 이유로 그저 HTML 파일을 여는 것만으로는 게임을 실행할 수 없습니다. 웹 서버를 준비해 HTML 파일에 접근하도록 하거나 브라우저의 보안을 비활성화해야 합니다. 웹 서버를 실행하는 것은 초보자에게 쉽지 않으므로 여기에서는 브라우저의 보안을 비활성화하는 방법을 사용합니다. 그리고 보안을 무효화한 브라우저는 개발 용도로만 사용하고 인터넷에는 연결하지 않도록 주의합니다.

Google Chrome을 사용하는 경우

Google Chrome을 사용할 때는 Windows에 표준으로 설치되어 있는 명령 프롬프트에서 브라우저를 엽니다. 적절한 임의의 위치에 임시 데이터 디렉터리를 만들고 다음 형식으로 명령어를 실행합니다. 보안을 무효화한 상태로 Google Chrome이 열립니다.

```
<Google Chrome 실행 파일 경로> --disable-web-security --enable-features=SharedArrayBuffer --user-data-dir=<임시 데이터 디렉터리>
```

다음은 명령어 실행 예입니다.

```
"C:\Program Files\Google\Chrome\Application\chrome.exe" --disable-web-security --enable-features=SharedArrayBuffer --user-data-dir=D:\tmp
```

브라우저가 연 뒤 HTML 파일을 드래그 앤 드롭하면 그림 7-12와 같이 게임을 읽을 수 있습니다.

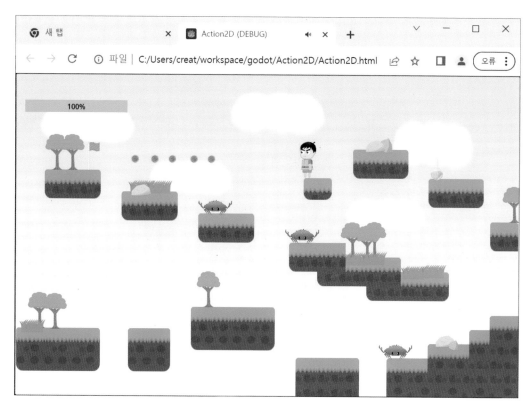

그림 7-12: Google chrome의 게임 실행 화면

Microsoft Edge를 사용하는 경우

Microsoft Edge를 사용할 때는 Windows에 표준으로 설치되어 있는 명령 프롬프트에서 브라우저를 실행합니다. 임의의 적절한 위치에 임시 데이터 디렉터리를 만들고 다음 형식으로 명령어를 실행합니다. 보안을 무효화한 상태로 Microsoft Edge가 열립니다.

```
<Edge 실행 파일 경로> --disable-web-security --enable-features=SharedArrayBuffer
--user-data-dir=<임시 데이터 디렉터리>
```

다음은 명령어 실행 예입니다.

```
"C:\Program Files (x86)\Microsoft\Edge\Application\msedge.exe" --disable-web-
security --enable-features=SharedArrayBuffer --user-data-dir=D:\tmp
```

브라우저가 실행한 뒤 HTML 파일을 드래그 앤 드롭하면 그림 7-13와 같이 게임을 읽을 수 있습니다.

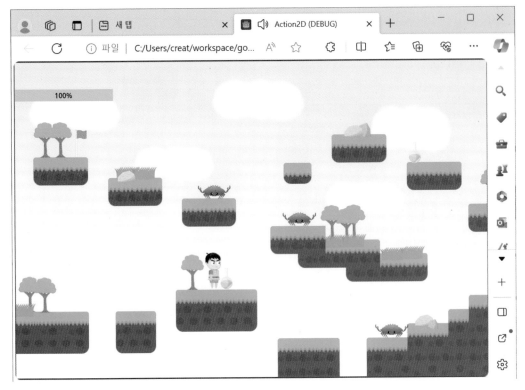

그림 7-13: Microsoft Edge 게임 실행 화면

08

부록

공식 문서

8.1.1 공식 문서를 읽는 방법

고도는 큰 주목을 받고 있는 오픈 소스 게임 엔진이며 어느 정도 충실한 공식 문서도 제공하고 있습니다. 여기에서는 고도를 사용해 개발을 수행할 때 공식 문서를 활용할 수 있는 방법에 관해 설명합니다. 공식 문서 원문은 영어로 작성되어 있습니다(일부 내용은 한국어로 번역되어 있습니다). 공식 문서의 URL은 다음과 같습니다.

https://docs.godotengine.org/ko/4.x/

시작하기

그림 8-1과 같이 공식 문서 페이지에는 '시작하기' 메뉴가 있습니다. 이 책에서도 간단하게 설명했지만 여기에서는 고도가 어떤 도구인지, 어떤 기능이 있는지 초보자에 맞춰 설명합니다. 노드, 시그널 등 고도에서의 기본적인 사고 방식에 관해서도 쓰여 있습니다. 그리고 게임 엔진 자체가 어떤 설계에 따라 개발되었는지 설명합니다. 게임 개발에 필요한 지식은 물론 아니라 게임 엔진 자체에 관해서 알고 싶을 때 읽으면 좋을 것입니다.

튜토리얼

처음 게임을 개발할 때 많은 분들이 튜토리얼에서 시작할 것입니다. 고도에서는 공식 튜토리얼도 제공합니다. 그림 9-1의 '시작하기' 메뉴 안에 '2D 게임 시작하기'과 '3D 게임 시작하기'를 제공합니다. 이 튜토리얼을 활용해 간단한 게임을 만들어볼 수 있습니다. 혼자 개발하는 것이 어렵다면 이 튜토리얼을 따라해 보는 것도 좋습니다.

공식 문서에는 '튜토리얼' 메뉴도 있습니다. 여기에서는 하나의 게임을 완성하는 것이 아니라 라이팅, 애니메이션 등 요소별로 튜토리얼을 제공합니다. 구현하고 싶은 기능이 명확할 대는 이 튜토리얼을 참조하면 좋습니다.

그리고 공식 튜토리얼은 아니지만 커뮤니티에서 제공하는 튜토리얼도 있습니다. 아쉽게도 한국어 튜토리얼은 포함되어 있이지 않지만, 동영상으로 공개되어 있는 튜토리얼이나 텍스트 형식으로 공개되어 있는 튜토리얼을 목록이 아래 정리되어 있습니다.

https://docs.godotengine.org/ko/4.x/community/tutorials.html

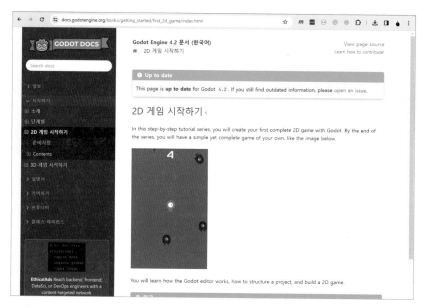

그림 8-1: 고도 공식 시작하기 문서

에셋 라이브러리

고도에서는 '에셋 라이브러리'라는 이름으로 에셋을 공개하는 사이트를 제공합니다. 여기에서는 다른 사람이 작성한 에셋을 사용하거나 자신이 작성한 에셋을 공개할 수 있습니다. 고도에서 공식 배포하는 에셋도 여기에서 얻을 수 있습니다. 에셋에는 MIT 라이선스 등의 라이선스가 적용되어 있으므로 이 라이선스의 허용 범위 안에서 자유롭게 사용할 수 있습니다.

이 에셋을 적극적으로 활용해 효율적으로 게임을 개발할 수 있습니다. 공개되어 있는 에셋 중에는 완성된 프로젝트도 포함되어 있습니다. 이 완성 프로젝트들은 노드 도는 씬의 계층 구조 작성 법, 스크립트 작성 법 등 다양한 점에서 좋은 참고가 됩니다. 고도의 깃허브 저장소(https://github.com/godotengine/godot-demo-projects)에 공개되어 있는 예제 프로젝트도 에셋 라이브러리에서 취득할 수 있습니다. 에셋 라이브러리는 다음 URL에 공개되어 있습니다.

https://godotengine.org/asset-library/asset

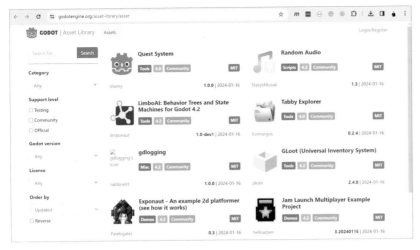

그림 8-2: 에셋 라이브러리

클래스 레퍼런스

GDScript를 사용해 개발할 때 피할 수 없는 것이 클래스 레퍼런스입니다. 여기에서는 각 클래스에서 제공하는 메서드나 변수에 관해 설명합니다.

그림 8-3은 Node의 클래스 레퍼런스입니다. 그림 8-3과 같이 클래스 레퍼런스에는 구현 예는 포함되어 있이지 않고, 각 변수나 메서드에 관한 설명만 제공됩니다. 클래스 레퍼런스를 읽어도 구현 방법을 모를 때는 인터넷에서 검색하거나 직접 시도해 보거나 커뮤니티의 Q&A 사이트(https://forum.godotengine.org)에서 질문할 수 있습니다.

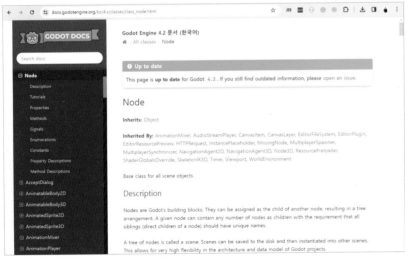

그림 8-3: 'Node'의 클래스 레퍼런스

내보내기

게임을 배포/공개하려면 Windows, macOS, Linux, Android 등 플랫폼별로 실행 가능한 형식으로 내보내기 해야 합니다. 이 일련의 작업은 '빌드', '컴파일' 또는 '내보내기Export'라 불리며 추가적인 환경 설정이 필요하기도 합니다. 그림 8-4와 같이 공식 문서에서는 각 플랫폼용으로 내보내기 하는 방법을 설명하고 있습니다. 게임을 내보내기 할 때는 이 문서들을 참고합니다.

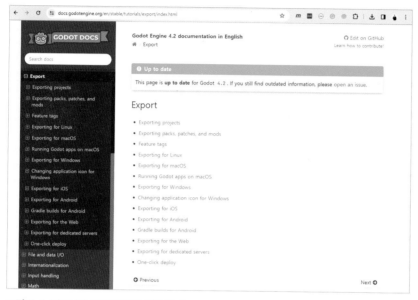

그림 8-4: 내보내기 방법에 관한 공식 문서

게임 개발에 편리한 도구

효율적으로 개발을 진행하기 위해서는 여러 도구를 활용해야 합니다. 하지만 도구 사용법을 익히는 데는 시간이 걸리면 주객전도가 됩니다. 특히 3D 모델을 다루는 도구에는 사용 방법이 어려운 것도 있습니다. 그리고 무료로 사용할 수 있는 도구부터 고가의 도구까지 비용 범위도 천차만별입니다. 여기에서는 게임 개발 초보자도 가볍게 사용할 수 있도록 조작이 간단하면서도 무료로 사용할 수 있는 도구들을 소개합니다.

Mixamo

Mixamo는 어도비^Adobe^사에서 제공하는 도구로 인물 등 3D 모델에 간단하게 애니메이션을 적용할 수 있습니다. 걷기, 달리기, 점프, 아이들링 등 기본적인 동작은 물론 전투 씬 등 다양한 움직임을 간단하게 3D 모델에 적용할 수 있습니다.

조작이 매우 간단하여 3D 모델을 선택하거나 업로드해서 애니메이션을 선택하기만 하면, 몇 번의 마우스 조작만으로 완성할 수 있습니다. 애니메이션을 적용한 3D 모델은 다운로드할 수 있고 고도를 포함한 각종 게임 엔진에서 사용할 수 있습니다.

Mixamo는 온라인 도구이며 다음 URL에서 무료로 사용할 수 있습니다.

https://www.mixamo.com

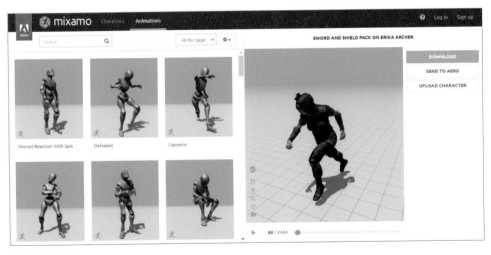

그림 8-5: Mixamo

MakeHuman

MakeHuman은 3D 인물 모델을 작성할 수 있는 오픈 소스 도구이며 소스 코드는 깃허브 (https://github.com/makehumancommunity/makehuman)에 공개되어 있습니다. 매개 변수 조정만으로 매우 실제적인 인물 모델을 작성할 수 있고 애니메이션에 필요한 리그(Rig, 3D 모델의 뼈대에 해당하는 것)도 설정할 수 있습니다. MakeHuman으로 3D 인물 모델을 작성하고 Maximo로 동작하게 하는 방식으로 사용할 수도 있습니다.

MakeHuman의 실행 파일(Windows, Linux, macOS용)은 다음 URL에서 무료로 다운로드 할 수 있습니다.

http://www.makehumancommunity.org

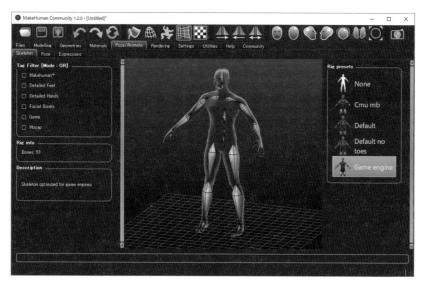

그림 8-6: MakeHuman

MagicaVoxel

MagicaVoxel은 무료 Voxel 도구로 정육면체를 조합한 3D 모델을 작성할 수 있습니다. 정육면 체라는 단순한 도형의 조합만으로 단순한 3D 모델에서 복잡한 3D 모델까지 다양하게 작성할 수 있습니다. 3D 모델에는 색을 입힐 수 있어 간단하게 게임 스테이지를 작성하고 싶을 때 활용할 수 있습니다.

MagicaVoxel의 실행 파일(Windows, macOS용)은 다음 URL에서 무료로 다운로드할 수 있습니다.

https://ephtracy.github.io

그림 8-7: MagicaVoxel

TinkerCAD

TinkerCAD는 오토데스크^Autodesk사에서 제공하는 3D CAD 도구입니다. CAD라고 하면 하드웨어 설계 등에 사용되는 구도의 전용 시스템을 상상할지 모르지만, TinkerCAD는 초등학생도 다룰 수 있는 간단한 인터페이스로 되어 있어 마우스 조작만으로 3D 모델을 작성할 수 있습니다. 단순한 도형을 조합하거나 도형이 겹치는 위치를 삭제해서 단순한 3D 모델에서 복잡한 3D 모델까지 다양하게 작성할 수 있습니다. 작성한 3D 모델을 다운로드할 수도 있습니다.

TinkerCAD는 온라인 도구이며 다음 URL에서 무료로 사용할 수 있습니다.

https://www.tinkercad.com

그림 8-8: TinkerCAD

Meshmixer

Meshmixer는 오토데스크Autodesk사에서 제공하는 3D 모델링 도구입니다. 여러 3D 모델을 조합해 새로운 모델을 작성하거나 스컬프팅Sculpting을 사용해 모델을 변경할 수 있습니다. 스컬프팅이란 3D 모델의 면을 깎아 내면서 조각하듯이 3D 모델을 작성하는 것을 말합니다.

Meshmixer의 실행 파일(Windows, macOS용)은 다음 URL에서 무료로 다운로드할 수 있습니다.

https://meshmixer.com

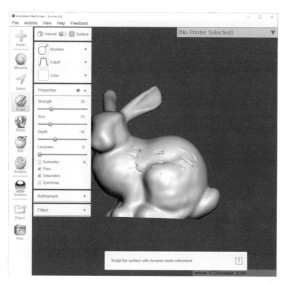

그림 8-9: Meshmixer

ZBrushCoreMini

ZBrushCoreMini는 오크Oak사가 제공하는 스컬프팅 도구입니다. 스컬프팅 도구는 도형을 조합하는 것이 아니라 마치 조각을 하는 것처럼 조각을 붙이거나 덜어내면서 3D 모델을 작성합니다.

스컬프팅 도구를 사용하면 복잡한 형태나 부드러운 곡면을 가진 3D 모델을 작성할 수 있습니다. 한편 3D 모델의 데이터 크기가 커질 수 있기 때문에 게임 개발 용도로 큰 모델을 작성하는 데는 적합하지 않습니다. 간단한 작은 물체를 만들 때 사용하면 좋습니다.

ZBrushCoreMini는 다음 URL에서 무료로 다운로드할 수 있습니다.

https://www.maxon.net/ko/zbrushcoremini

그림 8-10: ZBrushCoreMini

이상으로 2D 액션 게임 제작의 모든 순서를 완료했으므로 마지막으로 동작을 확인합니다.

게임을 실행하고 3.1.1에서 설정한 게임 규칙대로 동작하는지 확인합니다. 예상대로 동작하지 않을 때는 노드 설정을 수정하거나 스크립트에 오류가 없는지 확인하며 수정합니다. 그리고 필요하다면 스테이지 수정이나 플레이어 점프력, 공격력 등을 조정하는 것도 좋습니다.

마치며

게임 개발을 시작으로 프로그래밍이라는 것은 매우 흥미로운 것입니다. '움직이지 않는다'고 생각했던 프로그램이 움직이고 '움직인다'고 생각한 프로그램이 움직이지 않는 경우도 자주 있습니다. 동작할 때마다 움직임이 달라지는 불안정한 프로그램도 있습니다. 필자도 그런 프로그램들과 싸우면서 밤새 프로그램을 작성하기도 했습니다.

이 책에서 다룬 프로그램은 그만큼 복잡하지는 않지만 단어 하나, 공백 하나가 달라지면 동작하지 않는 것이 프로그램입니다. 때로는 인내심을 발휘해 디버깅을 해야 할 수도 있습니다. 이 책을 읽은 모든 독자 여러분이 그런 어려움을 극복하고 자신만의 게임을 만들 수 있게 되길 바랍니다.

이 책에서는 많이 다루지 않았지만 게임 개발의 세계는 디자인, 3D 그래픽, 모델링 등 매우 넓고 다양합니다. 고도와 같은 게임 엔진뿐만 아니라 독자 여러분이 무언가에 흥미를 갖고 도전할 수 있는 계기가 되면 더욱 좋을 것입니다.

마지막으로 집필 기회를 주신 릭텔레콤사, 편집과 교정을 도와주신 모든 분들께 깊이 감사드립니다. 덕분에 무사히 집필을 마칠 수 있었습니다. 그리고 모든 독자 여러분 한 분 한 분과 다시 만날 수 있는 기회가 오기를 고대하겠습니다.

2023년 초여름 저자
카쓰무라 토모히로(勝村友博)

고도 엔진 간단 입문

초판 1쇄 인쇄 2024년 05월 20일
초판 1쇄 발행 2024년 05월 25일

저자 : 카쓰무라 토모히로
번역 : 김모세

펴낸이 : 이동섭
편집 : 강민철, 송정환
본문 디자인 : 강민철
표지 디자인 : 김연정
영업·마케팅 : 조정훈, 김려홍
e-BOOK : 홍인표, 최정수, 서찬웅, 김은혜, 정희철
관리 : 이윤미

㈜에이케이커뮤니케이션즈
등록 1996년 7월 9일(제302-1996-00026호)
주소 : 08513 서울특별시 금천구 디지털로 178, 1805호
TEL : 02-702-7963~5 FAX : 0303-3440-2024
http://www.amusementkorea.co.kr

ISBN 979-11-274-7600-7 13000

Godot kantannyumon by Katumura Tomohiro
© 2023 Katumura Tomohiro
All rights reserved
Original Japanese edition published in 2023 by RIC TELECOM.
Korean translation rights arranged in Korea with RIC TELECOM. through Digital Catapult Inc., Tokyo.
Korean translation copyright © 2024 by A.K Communications Inc.

*잘못된 책은 구입한 곳에서 무료로 바꿔드립니다.